LA RELIGION IRANIENNE À L'ÉPOQUE ACHÉMÉNIDE

Actes du Colloque de Liège

11 décembre 1987

IRANICA ANTIQUA
SUPPLÉMENT V

LA RELIGION IRANIENNE À L'ÉPOQUE ACHÉMÉNIDE

Actes du Colloque de Liège 11 décembre 1987

édités par

Jean KELLENS

1991

GENT

ISBN 90-6831-329-0

PRINTED IN BELGIUM

BY IMPRIMERIE ORIENTALISTE – LEUVEN

D. 1991/0602/31

TABLE DES MATIÈRES

AVANT-PROPOS

Durant l'année 1986, à la suite des colloques d'Histoire achéménide qui s'étaient tenus à Groningen, Londres et Paris, Clarisse Herrenschmidt et moi avons pensé qu'il serait utile d'organiser une rencontre consacrée à la religion. Nous étions tous deux d'avis qu'une rencontre sur ce thème ne pouvait porter ses fruits que si les participants évitaient l'éternelle et stérile rengaine sur le «zoroastrisme» ou le «non-zoroastrisme» des Achéménides (voir mon propre article) et, loin de s'en tenir aux seules inscriptions royales (lesquelles livrent cependant une importante terminologie religieuse: voir l'article de Clarisse Herrenschmidt), acceptaient de prendre en compte la totalité des sources, c'est-à-dire aussi les écrits classiques (Pierre Briant et Josef Wiesehöfer), les monuments archéologiques (Joske Houtkamp et Bruno Jacobs), les documents élamites (Heidemarie Koch) et l'onomastique (Rüdiger Schmitt). Nous remercions tous ceux qui nous ont aidés à réaliser ce projet, non seulement ceux dont les contributions sont rassemblées dans ce volume, mais aussi ceux qui se sont associés à nos travaux, soit par une communication qu'ils n'ont pas jugé bon de publier, soit en participant à la discussion (Peter Calmeyer, Jacques Duchesne-Guillemin, Amélie Kuhrt, Heleen Sancisi). Notre reconnaissance va à la Communauté française de Belgique, au Fonds national de la Recherche scientifique et au Patrimoine de l'Université de Liège, qui ont subsidié notre entreprise, et à Louis Vanden Berghe, qui nous ouvre sa collection.

Jean KELLENS.

LE ROI EST MORT: VIVE LE ROI!

Remarques sur les rites et rituels de succession chez les Achéménides.

PAR

P. BRIANT

On sait que dans leurs déclarations, les Grands Rois justifient leur accession au pouvoir par leur filiation, par leurs qualités royales et par l'appui d'Ahura-Mazda, puis d'Ahura-Mazda et des autres dieux (Anahita et Mithra). C'est ce dernier point que je voudrais aborder, en choisissant de traiter de la courte période qui sépare la mort d'un roi de l'avènement de son successeur. Plus précisément encore, je voudrais présenter et analyser les rites et rituels qui scandent le processus de la reconnaissance du nouveau roi. En l'absence de données textuelles perses très claires, j'utiliserai ici essentiellement les sources classiques, qui nous donnent accès à un certain nombre d'informations d'un intérêt non négligeable.

1 — *Le deuil public*

Il semble qu'à la mort du roi régnant, le successeur désigné ne devient pas roi immédiatement. Entre le décès du roi et la proclamation du nouveau souverain s'écoule une sorte de période de deuil, pour laquelle il existait certainement toute une série de prescriptions rituelles et officielles (cf. Polyen VII.7.17: *kata tôn Persôn nomon*; cf. Quinte-Curce III.12.13: *patrio more*), sur lesquelles nous disposons de quelques renseignements[1].

[1] Hérodote (VI.59) compare les mœurs spartiates et les mœurs perses relatives aux funérailles royales. Il écrit en particulier: «Si un roi a péri à la guerre, ils fabriquent une figure (*eidôlon*), qu'ils portent au tombeau sur un lit de parade». J'écrivais récemment (Briant 1987:7) à ce propos: «Il n'est nulle part fait mention de fabriquer une "figure" du roi disparu». Cependant, une relecture d'Elien (*VH XII.64*) m'incite à nuancer une telle affirmation. Rapportant en effet la compétition entre Perdiccas et Ptolémée autour de la dépouille d'Alexandre, Elien écrit: «... Ptolémée fit faire un simulacre (*eidôlon*) qui représentait Alexandre, le revêtit des habits royaux, et l'entoura des ornements funèbres les plus précieux, puis il le plaça sur un char perse, dans un magnifique cercueil entouré d'or, d'argent et d'ivoire». Le rapprochement des textes invite à accorder du poids à la tradition rapportée par Hérodote, quand bien même elle laisse bien des questions

La période s'ouvrait par un deuil public, tel celui qu'ordonna Alexandre à la mort de son ami Hephestion: «Il fit prescrire un deuil public sur toute l'étendue du territoire barbare (*kata pasan tèn chôran tèn barbaron*)» (Arrien VII.14.9): c'est dire manifestement dans toutes les régions de l'Empire. Il en fut de même à la mort de Téridatès, l'eunuque favori d'Artaxerxès II: «Il y eut un deuil public dans toute l'Asie (*kata pasan tèn Asian*)» (Elien, *VH* XII.1). De même encore lors de la mort d'Alexandre: «Le deuil n'était pas enfermé dans les murs de la ville [Babylone]; mais, dans la région attenante et ensuite dans une notable partie de l'Asie en-deçà de l'Euphrate, la nouvelle d'un si grand malheur s'était bien vite répandue» — précise Quinte-Curce (X.5.18).

Cette période de deuil était ouverte par l'extinction des feux et close par leur réapparition. C'est ce qu'indique formellement le compte-rendu de Diodore (XVII,114.4-5) relatif aux mesures prises par Alexandre après la mort de son ami intime Héphestion: «Il enjoignit à tous les habitants de l'Asie d'éteindre soigneusement, jusqu'à l'achèvement des cérémonies funèbres, le feu que les Perses qualifient de sacré (*to para tois Persais hiéron pur kaloumenon*). C'est ce que les Perses n'ont l'habitude de faire qu'à la mort du Grand Roi. Le peuple voyait dans cet ordre un présage funeste et se figurait que la divinité annonçait la mort du roi».

Contrairement aux prescriptions de l'*Avesta* (Grenet 1984:40), les Perses n'hésitaient pas à multiplier les démonstrations bruyantes et visibles de leur affliction. Devant le lit de mort de Cambyse, «les Perses ... déchirèrent tout ce qu'ils avaient sur eux de vêtements et se livrèrent à des gémissements infinis» (Hdt III.65). «Toute la Béotie retentissait des cris de douleur [des Perses]» après la défaite de Platées selon le même Hérodote (IX.24). D'autre part, Quinte-Curce rapporte qu'à la mort d'Alexandre, «les Perses se rasèrent la tête selon la coutume (*suo more*)», et qu'eux-mêmes, leurs femmes et leurs enfants revêtirent des vêtements de deuil. Coutume confirmé par le récit que transmet Hérodote (IX.24) de la mort du Perse Masistios à Platées en 479: «Les Barbares se coupèrent cheveux et barbes, coupèrent le crin de leurs chevaux et de leurs bêtes de somme». De même, après la mort d'Hephestion, Alexandre «fit tondre tous les chevaux et tous les mulets en signe de deuil» (Plutarque, *Alex.*72.2), et le roi lui-même, selon Arrien (VII.14.4), fit couper sa

ouvertes. Sur la coutume de l'effigie royale dans la France moderne, ses implications idéologiques et les possibles précédents romains, voir Giesey 1987a et 1987b.

chevelure. On sait qu'à Babylone, la mort du roi était solennellement annoncée: le cri «le roi est mort» était le signal rituel des lamentations et des pleurs, qui se déroulaient devant la dépouille royale royale publiquement exposée (Labat 1939:121-123). On y connaît également la coutume de se raser la tête lors d'un deuil royal (Grayson 1975:111, ligne 24). En Perse, l'extinction des feux indique que la vie est provisoirement suspendue — de même qu'à Babylone la mort du roi signifie un brusque arrêt des forces vitales (Labat 1939:122).

2 — *Deuil et anomia*

On peut se demander s'il n'en était pas de même sur le plan politique. Hérodote (VI.59) rapproche en effet l'usage perse de l'usage spartiate. A Sparte «après les funérailles [royales], aucune assemblée n'est tenue, et on ne se réunit pour aucune élection, mais dix jours sont consacrés au deuil». Sextus Empiricus (*Adv.Rhet.* 33) rapportait qu'une coutume perse voulait qu'à la mort du roi s'ouvre une période d'*anomia* de cinq jours (Volkman 1967:78). C'est également pendant cinq jours qu'«un grand tumulte» eut lieu en Perse après le meurtre des Mages, au dire d'Hérodote (III.80.1). Les raisons de cette disposition sont clairement exposées par Sextus Empiricus: pendant cette période «sans lois», des maux multiples s'abattaient sur le pays, soumis aux meurtres et aux pillages; dès lors, le peuple attendait avec impatience le nouveau roi dont l'entrée en fonction marquait le retour à l'ordre et le renouveau de la prospérité.

Cette *anomia* n'est pas sans rappeler la fête des Sacées — d'origine babylonienne (Langdon 1924) — que Strabon (XI.8.4-5), par une étymologie douteuse, rapporte à une victoire perse sur les Saces: «Partout où il existe un sanctuaire de cette déesse [Anahita], on célèbre aussi la fête des Sacées, fête bacchique qui a lieu de jour et de nuit, on boit, on se provoque les uns les autres; on y est équipé à la mode sace, ainsi que les femmes qui participent au banquet». Bérose (*ap.* Athénée XIV.639c) précisait que cette fête se tenait annuellement à Babylone, le 16 du mois Loös [début septembre]: «La coutume voulait que les maîtres fussent commandés par leurs esclaves, et l'un de ceux-ci, le majordome de la maison, était revêtu d'une robe semblable à celle du roi; il était appellé le *zoganês*». Athénée (XIV.639c) rapportait également que Ctésias parlait de cette fête au second livre de ses *Persika*.

En dépit de certaines ressemblances formelles, il est peu probable que les Sacées puissent être assimilées à l'*anomia* perse. Le fête des Sacées est en effet une fête annuelle qui n'est donc pas liée directement à la mort réelle du roi. Au reste, «dans les sources grecques elles-mêmes, le nom général de Sacées s'applique à une fête dont il faut bien reconnaître que les caractéristiques varient d'un auteur à l'autre» (Labat 1939:102). Dion Chrysostome la rapporte plutôt au rite du substitut royal bien connu en Babylonie (Labat 1939:100-101; Bottéro 1978), auquel les historiens d'Alexandre font de claires références lors de la présence d'Alexandre en Babylonie (Derchain-Hubaux 1950; Bottéro 1978:16). Un passage d'Hérodote (VII.12-18) indique peut-être que ce rite babylonien avait été repris par les Perses (Germain 1956; Bottéro 1978:4). A l'issue du rite avait lieu une purification générale du pays: le rite avait pour fonction de manifester «la nécessité de tout lui [le roi] sacrifier pour le garder en vie à la tête de son peuple» (Bottéro 1978:22). Il n'est pas exclu qu'une telle cérémonie de renouvellement annuel du pouvoir royal ait eu lieu aussi chez les Achéménides, mais il ne s'agit là que d'une hypothèse (cf. Sancisi-Weerdenburg 1982:151).

3 — *Le cortège funèbre*

Le successeur devait conduire la dépouille de son père (ou plus généralement du roi défunt) dans les tombes royales. Il s'agit là d'une cérémonie d'une grande importance politique à travers laquelle se manifestaient tout à la fois la continuité de la souche royale et les droits du prince héritier. Lorsque le roi est décédé en dehors de la Perse — c'est le cas général — le successeur désigné doit prendre soin d'y faire convoyer la dépouille royale dans un char apprêté à cet effet, qui devait ressembler par sa somptuosité au char funèbre d'Alexandre longuement décrit par Diodore (XVIII.16-28.1; cf. Arrien VII.14.5 sur le char funèbre d'Héphestion; voir également Elien, *VH* XII.64: «char perse»). Dès la mort de Cyrus et le retour de l'armée, «Cambyse renvoie le corps de son père en Perse par les soins de l'eunuque Bagapatès pour l'y ensevelir», précise Ctésias (§9), et «il règle tout d'aprés les dernières volontés paternelles»: cette précision doit se référer, pour une part au moins, à la conduite des cérémonies funèbres par le prince héritier. Xerxès II fait conduire à Persépolis les corps de son père et de sa mère décédés le même jour (§44). Alexandre, de son côté, de manqua pas d'«envoyer le corps de Darius à Persépolis, avec ordre de l'ensevelir dans les tombes royales, comme les rois qui avaient régné avant lui» (Arrien III.27.1). Par là même, face à Bessos qualifié d'usurpateur, le Macédonien entendait manifester qu'il était le vrai représentant des coutumes royales achéménides et le seul successeur de Darius (qui l'aurait désigné comme tel selon la propagande macédonienne: Briant 1982: 401-403). La transmission du pouvoir obéit aux mêmes règles que celles qui régissent une succession de famille: l'héritier, c'est le successeur aux *sacra*, aux *nomizoména*; le roi défunt se continue à travers son successeur qui conduit les cérémonies funèbres[2].

C'est ce qui explique qu'en cas de succession contestée entre plusieurs compétiteurs, il se déroule une farouche bataille politico-idéologique autour de la dépouille royale. Rappelons d'abord celle qui eut lieu entre Perdiccas et Ptolémée à propos du lieu d'inhumation d'Alexandre, Ptolémée réussissant à détourner vers Alexandrie le char funèbre auquel Perdiccas avait fixé Aigai comme objectif[3]. C'est une situation comparable que l'on constate lors de la mort d'Artaxerxès I. Dans un premier temps, le seul fils légitime et héritier d'Artaxerxès, à savoir Xerxès II, chargea Bagozaros de conduire à Persépolis les corps de son père et de sa mère (Ctésias 44). Le convoi funèbre ne s'était pas encore ébranlé, semble-t-il, que Xerxès II fut assassiné par Sekundianos, et Ctésias écrit (§45): «Il advint donc que les dépouilles royales furent transportées à Persépolis ensemble. En effet, les mules qui tiraient le char funèbre, comme si elles avaient attendu la dépouille du fils, refusaient d'avancer; mais quand le corps de Xerxès fut arrivé, elles marchèrent avec ardeur». Bagozaros fut mis à mort par Sekundianos «sous prétexte qu'il avait sans l'assentiment du roi [Sekundianos] attendu le corps de son père [Artaxerxès]» (Ctésias 46). Bagozaros avait donc été chargé du char funèbre par Sekundianos, comme il l'avait été par Xerxès II du char d'Artaxerxès et de Damaspia. Sous le récit romancé de Ctésias, on peut comprendre, me semble-t-il, que Sekundianos considère l'attitude de Bagozaros comme une rebellion et comme une manière de mettre en doute sa légitimité. Sans doute Bagozaros, dès cette date, s'était-il rallié à Ochos (cf. §46); dès lors, il ne pouvait accepter de conduire à Persépolis les dépouilles royales au nom de Sekundianos, dont il récusait la légitimité.

De son côté, Polyen (VII.7.17) indique qu'à la mort de son père Artaxerxès, Ochos n'est pas sûr de son pouvoir (d'autant moins qu'on

[2] Pour la Macédoine, cf. Briant 1973:318-319; pour l'Assyrie, Labat 1939:118-120.

[3] Voir Diodore XVIII.28.2-5; Arrien, *FGrH* 156, F9.25 et F.10.1; Elien, *VH* XII.64.

sait par Ctésias que son demi-frère Sekundianos a pris le pouvoir après avoir écarté leur frère légitime Xerxès!). Aussi bien, pendant 10 mois, Ochos tint-il secrète la mort d'Artaxerxès, continuant de sceller les documents du sceau de son père. Dès qu'il fut reconnu comme roi légitime, «il proclama le deuil royal selon les lois perses».

Je n'entends pas ici reprendre une discussion chronologique magistralement traitée par M. Stolper (1985:116-120): dans les documents babyloniens, Artaxerxès I meurt dans sa 41[è] année de règne et le règne de Darius II commence immédiatement après, les règnes effectifs de Xerxès II et de Sekundianos se confondant avec les premiers mois du règne officiel de Darius II, sans que les documents babyloniens y fassent référence. Une telle chronologie permettait à Darius II d'effacer les difficultés de sa propre accession, remarque Lewis (1976:71). Contre cette opinion, Stolper (1985:119) remarque justement que les notaires babyloniens n'avaient que faire de telles manipulations chronologiques. En revanche, il n'est pas interdit de croire que, par la suite, une version officielle se mit en place à la cour, qui niait la légitimité de Xerxès et de Sekundianos; dès que son pouvoir fut affermi officiellement en dehors de la Babylonie, Ochos prit toute disposition pour le deuil royal, montrant par là qu'il succédait légitimement à Artaxerxès: c'est cette version officielle que transmettent à leur manière Ctésias et Polyen[4].

4 — *La cérémonie de Pasargades*

Le nouveau prince devait enfin recevoir une consécration politico-religieuse au cours d'un rite d'investiture et de couronnement, sur lequel nous sommes malheureusement mal renseignés. On dispose du texte bien connu de Plutarque (*Art.*3.1-2), rapportant en ces termes la cérémonie d'investiture d'Artaxerxès II:

> «Peu après la mort de Darius [II], le roi se rendit à Pasargades pour y participer à une cérémonie d'«initiation royale (*basilikè teletè*)» accomplie par les prêtres en Perse. C'est dans le sanctuaire d'une déesse guerrière, que l'on pourrait croire être Athéna: celui qu'on y initie (*teloumênon*) doit s'y rendre, quitter sa propre robe, revêtir celle que Cyrus portait avant de devenir roi, goûter un gâteau de figues, mâcher du térébinthe et boire jusqu'à la dernière goutte une coupe de petit-lait. Peut-être existe-t-il d'autres rites, mais ils sont inconnus du reste des hommes».

[4] Non sans hésitation, Lewis (1977:71, n. 141) juge que le récit de Polyen s'applique à Artaxerxès III et non Artaxerxès II: je ne vois pas exactement les raisons d'une telle interprétation.

Texte assez mystérieux assurément, et présenté comme tel par Plutarque comme l'indique l'emploi du vocabulaire de l'initiation. Il s'agit manifestement d'un rite très ancien, comme le montre la référence à Cyrus l'Ancien et à l'époque de la pré-conquête où «la Perse était encore en Perse». Le nouveau roi — ou plus exactement celui qui va être proclamé — doit suivre un régime végétarien à base de plantes et de lait. La mention du térébinthe n'est pas unique (cf. Hahn 1902:418-421; 605): on sait en effet que les Mèdes attribuaient aux Perses, non sans mépris, le qualificatif de «mangeurs de térébinthe (*termithophagoi*)» (Nicolas de Damas, *FGrH* 90.F66.34). D'autre part, selon Strabon (XV.3.18), les jeunes cryptes perses devaient également se nourrir de produits végétaux, dont le térébinthe (cf. Briant 1982:449-450). On pourrait également citer tel mythe indien qui présente le petit-lait comme un breuvage d'immortalité, obtenu par «les fidèles au Dharma» en barattant «un océan de petit-lait» (Losfeld 1977:274-276)[5]. L'antiquité du rite rappelle peut-être les origines pastorales des Perses. C'est à Pasargades, la cité de Cyrus, que se déroule la cérémonie. L'emprunt de la robe de Cyrus manifeste la continuité du pouvoir: on sait en effet la force symbolique du vêtement en Perse (Sancisi-Weerdenburg 1983:27-30). Le roi nouvellement sacré se rattache à Cyrus ainsi qu'à ses prédécesseurs dans une continuité dont le sens idéologique est évident (Boyce 1982:90,207).

Ce rite très ancien a été associé à la symbolique du pouvoir. Il se déroule dans le temple d'une déesse guerrière: sous Athéna on reconnaît aisément Anahita, à la fois déesse des eaux, de la fertilité mais aussi déesse guerrière (Briant 1982:464-465). Elle apparaît là comme «la dispensatrice de l'investiture royale» (Gnoli 1974:127). Mais, comme les premières mentions d'Anahita (et de Mithra) sur les inscriptions royales datent précisément du règne d'Artaxerxès II et comme celui-ci a pris des mesures pour favoriser son culte (Boyce 1982:216 sq.; Briant 1986:430-431), on peut se demander si le choix d'un temple de la déesse ne date pas du règne d'Artaxerxès II. Deux autres édifices, le Zendan i-Sulaiman (à Pasargades) et la Ka'ba-i Zardusht (à Naqsh-i Rustam), dont les fonctions continuent d'être discutées (cf. Boucharlat 1984:124-126), peuvent avoir servi de cadre à une cérémonie d'investiture officielle (Sancisi-Weerdenburg 1982), mais peut-être dans une phase postérieure à l'«initiation» elle-même (voir ci-dessous).

[5] Les rois assyriens affirment eux aussi fréquemment avoir été nourris de lait divin (Labat 1939:64-69).

Quoi qu'il en soit, il existait manifestement une cérémonie politico-religieuse qui conférait au roi la légitimité divine. A plusieurs reprises, Darius I a cette formule: «Ahura-Mazda m'a remis (donné) le royaume». Selon Cl. Herrenschmidt (1977:24), «cette formule que l'on retrouve dans plusieurs inscriptions de différents rois paraît avoir un caractère rituel, celui de la remise solennelle du royaume perse par le dieu perse [Ahura-Mazda], rite qui a pu être exécuté dans les cérémonies d'investiture royale». Cette suggestion paraît parfaitement fondée. La comparaison avec d'autres royautés de type indo-européen (Dubuisson 1978) est également riche d'enseignements: en Inde, le roi reçoit un vêtement particulier, un arc et trois flèches, ainsi qu'une paire de chaussures en peau de sanglier. Le rapprochement paraît d'autant plus justifié qu'à deux reprises le lait clarifié est cité dans le rituel indien: c'est d'un pot de lait clarifié qu'est né le sanglier; le vêtement royal est «imbibé de beurre» (cf. aussi Parpola 1985:29 sq.). Si, comme il est probable, le roi perse recevait lui aussi des objets au cours de la cérémonie, ce sont certainement les insignes de la royauté, dont on connaît parfaitement la nature (Briant 1982:374-375): son manteau royal (*kandys*), son bouclier et son arc (peut-être aussi un char). Ce sont des insignes qui n'appartiennent peut-être pas en propre au nouveau roi, mais qui étaient transmis de roi en roi, au cours de la cérémonie, dans un bâtiment où l'on conservait précisément ces paraphernalia (Schmidt 1970:41 sq.).

Dans cette hypothèse, la cérémonie d'investiture était sans doute plus complexe que ce qu'indique Plutarque. Plus exactement, l'initiation dans le temple d'Anahita n'était qu'une phase de la cérémonie. Une autre phase, celle de la remise des insignes du pouvoir, se faisait peut-être sous l'invocation d'Ahura-Mazda. Par ailleurs, parlant de l'avènement de Xerxès, Plutarque (*De Amore Frat*, 18) précise que le prince héritier ne devint véritablement roi que lorsqu'il fut proclamé (*anagoreusai*) «par le jugement et par le vote des Perses». Si l'on pense que le témoignage de Plutarque a une valeur historique, on peut supposer, comme le fait H. Sancisi-Weerdenburg (1982:147), que, paré des insignes du pouvoir, le nouveau roi paraissait un sommet de la tour de Pasargades (le Zendan-i Sulaiman). La foule rassemblée poussait sans doute des vivats, dans un cérémonial proche de l'*anadeixis* hellénistique (cf. Bikermann 1937)[6]. Il

[6] Dans cette hypothèse, je suis tenté d'amener à l'appui un passage d'Hérodote (III.74). Dans son *logos* consacré à l'usurpation de Smerdis, Hérodote rapporte que, pour convaincre les Perses de la légitimité dynastique du faux Smerdis, les mages persuadèrent Préxaspes de prendre la parole devant «tous les Perses convoqués au pied des murs du

ne pouvait plus voir en principe contestée sa légitimité, rehaussée par le caractère sacré d'une cérémonie dont les origines plongeaient dans les profondeurs de la société et de l'histoire perses. D'héritier désigné, il venait de se muer en Grand Roi.

5 — *Le nouveau roi*

Il est probable enfin que la prise officielle du pouvoir se marquait par une série de gestes symboliques destinés à asseoir l'autorité du nouveau roi. Celui-ci disposait désormais de son propre sceau (cf. Polyen VII.7.17). On sait également qu'il remettait aux peuples de l'Empire les tributs déjà dus (Hdt VI.59). Par ailleurs, en Assyrie, lors de la cérémonie d'investiture (qui se déroulait à l'intérieur du palais), «les Grands et les dignitaires remettent, à tour de rôle, entre les mains du roi, les insignes de leur fonction ou les marques de leur privilège, afin que le souverain les investisse à nouveau de leur charge», en prononçant ces mots: «Que chacun garde sa charge»» (Labat 1939:85). Je suis tenté de croire qu'il en était de même chez les Achéménides. Selon Fl. Josèphe (*AJ* XI.185), après sa prise de pouvoir (*paralabôn tèn basileian*), Artaxerxès désigna les commandants des 27 satrapies «de l'Inde à l'Ethiopie». Une mention proche est faite par Diodore (XI.71.1): peu après son avènement (*arti tèn basileian anaktésaménos*), Artaxerxès I prit toute une série de mesures favorables à la bonne marche du royaume et à ses intérêts: «C'est pourquoi, parmi les satrapes en charge, il destitua tous ceux qui étaient hostiles et remit les satrapies à ses amis choisis pour leur dévouement». Diodore confère sans doute un caractère conjoncturel à ce qui devait être une règle lors de l'avènement des rois. Ainsi, les gouverneurs et autres grands officiers de la cour tenaient-ils leur charge du roi régnant, devant lequel ils étaient responsables.

palais» et «de proclamer que celui qui régnait sur les Perses était Smerdis fils de Cyrus, personne d'autre». Préxaspes fit mine d'accepter la proposition, et il s'adressa aux Perses du haut d'une tour (*pyrgos*), d'où en fait il dénonça l'usurpateur. De plus, il «exposa à partir d'Achaiménès la généalogie de Cyrus en ligne paternelle». N'aurait-on pas là le témoignage de la proclamation officielle du nouveau roi faite devant les nobles perses rassemblés au pied d'une tour de Pasargades? Dans cette hypothèse, le personnage chargé de cette proclamation — de très haute extraction (*en ainè mégisthè*) — devait réciter la généalogie du nouveau roi, pour le situer plus précisément dans la lignée dynastique, et donc pour attester sa parfaite légitimité désormais insoupçonnable.

6 — *Bilan*

Ainsi — comme on pouvait s'en douter — la prise de pouvoir du nouveau roi se faisait selon un processus plus complexe et plus aléatoire que ce que veulent bien indiquer les rois dans leurs inscriptions. Entre la mort du roi et la proclamation du nouveau souverain, il s'écoulait une période plus ou moins longue, propice aux coups d'État et aux contestations dynastiques. En aucun cas, la seule filiation ne suffit pour s'imposer. Il convient également d'établir une nouvelle légitimité, à travers une série de rites et de rituels strictement codifiés qui permettaient au prince d'une part de se poser en lieutenant des divinités protectrices et garantes de la dynastie et du pouvoir achéménide, d'autre part et en même temps de s'assurer l'appui de l'aristocratie perse.

BIBLIOGRAPHIE

Bikermann, E. 1937, «*Anadeixis*», *Mél. Boisacq*, Bruxelles: 117-124.

Bottero, J. 1978, «Le substitut royal et son sort en Mésopotamie ancienne», *Akkadika* 9:2-24.

Boucharlat, R. 1984, «Monuments religieux de la Perse achéménide. État des questions», dans: *Temples et sanctuaires. Travaux de la Maison de L'Orient*, Lyon: 119-135.

Boyce, M. 1982, *A History of Zoroastrianism*, II, Leiden/Köln.

Briant, P. 1973, *Antigone le Borgne*, Besançon-Paris.

—— 1982, *Rois, tributs et paysans*, Besançon-Paris.

—— 1986, «Polythéismes et empire unitaire. (Remarques sur la politique religieuse des Achéménides)», dans: *Les grandes figures religieuses. Fonctionnement pratique et symbolique dans l'Antiquité*, Besançon-Paris: 425-483.

—— 1987: «Institutions perses et histoire comparatiste dans l'historiographie grecque», dans: *Achaemenid History II: The Greek sources* (edd. H. Sancisi-Weerdenburg and A. Kuhrt), Leiden: 1-10.

Derchain, Ph. J.-Hubaux, J. 1950, «Le fantôme de Babylone», *AC* 19:367-382.

Dubuisson, D. 1978: «L'équipement de l'inauguration royale dans l'Inde védique et en Irlande», *RHR* 193/2: 153-164.

Germain G. 1956, «Le songe de Xerxès et le rite babylonien du substitut royal», *REG* 69:303-313.

Giesey R. E. 1987a, *Le roi ne meurt jamais. Les obsèques royales dans la France de Renaissance, Paris.*

—— 1987b, *Cérémonial et puissance souveraine. France, XVᵉ-XVIIᵉ.* (Cahiers des Annales 41), Paris.

Gnoli, G. 1974, «Politique religieuse et conception de la royauté sous les Achéménides», *Acta iranica* I/2: 117-190.

Grayson, A. K. 1975, *Assyrian and Babylonian Chronicles*, Locust Valley, New-York.

Grenet, Fr. 1984, *Les pratiques funéraires dans l'Asie centrale sédentaire de la conquête grecque à l'Islam*, Paris, CNRS.

HAHN, V. 1902, *Kulturpflanzen und Haustiere*, Berlin.

HERRENSCHMIDT, Cl. 1977, «Les créations d'Ahuramazda», STIR 6/1: 17-58.

LABAT, M. 1939, *Le caractère religieux de la royauté assyro-babylonienne*, Paris.

LANGDON, S., 1924 «The Babylonian and Persian Sacaea», *JRAS*: 65-72.

LEWIS, D. 1976, *Sparta and Persia*, Leiden.

LOSFELD, G. 1977, «Tyrophagie religieuse et mystique», *Bull. Ass. G. Budé*: 257-277.

PARPOLA, S. 1985, *The Sky-garment. A study of the Harappean religion and its relation to the Mesopotamian and later Indian religion*, Helsinki.

SANCISI-WEERDENBURG, H. W. A. M. 1982, «The Zendan and the Ka'bah», *AMI*: 145-151.

—— 1983, «Exit Atossa: images of women in Greek historiography on Persia», dans: *Images of women in Antiquity (edd. A. Cameron and A. Kuhrt)*, London-Canberra: 20-33.

SCHMIDT, E. 1970, *Persepolis III: The royal tombs and other monuments*, Chicago.

STOLPER, M. 1985, *Entrepreneurs and Empire*, Leiden.

VOLKMANN, H. 1967, «Das römische Interregnum und die Persische *Anomia*», *Philologus* 110: 76-83.

VIEUX-PERSE *ŠIYÂTI-*

PAR

Clarisse HERRENSCHMIDT

Je me suis toujours demandée ce que pouvait bien vouloir dire vp *šiyâti-*, qu'on traduit par «bonheur», non pas dans son sens étymologique, mais selon son «champ sémantique». Les pages qui suivent sont un essai d'interprétation de ce mot, agrémenté, autant que faire se peut, de quelques hypothèses nous rapprochant de l'Avesta.

Comme dit Jean Kellens (*NR*, 238) à propos du nom racine *š́â* attesté dans l'Avesta: «*š́â* désigne (...) le fait de ressentir un plaisir tranquille, celui que définit le latin *quies* (...)»[1]. Si on connaît av. *š́â* et la racine av. *š́yâ* «se réjouir», il est clair que dans l'Avesta aucun mot de cette famille n'a l'importance «théologique» du vp *šiyâti-*.

vp *šiyâti* n'apparaît pas dans Bisutun; on le trouve pour la première fois, selon ma chronologie[2] des textes de Darius: Bisutun ⟶ Persépolis (DPh, DPd,e,f,g) ⟶ Suse (DSf,e etc)/Suez ⟶ Naqš-e Rostam, dans l'inscription DPe de Persépolis, ligne 23. Par la suite, dans les inscriptions de Suse, Suez, Naqš-e Rostam, vp *šiyâti-* apparaît dans un formulaire que j'ai en son temps appelé les «Créations d'Ahura-Mazdâ» (voir 4).

Entre l'époque de composition de Bisutun et celle des textes postérieurs, vp *šiyâti-* a pris, conceptuellement parlant, une place considérable. C'est cette question qui m'intéresse: que peut désigner ce mot, que signifie-t-il pour la religion ou plutôt pour la pensée religieuse du temps des Achéménides, à quoi peut-il être comparé dans l'Avesta?

1. Il nous faut commencer par DPe; seule la fin de ce texte nous concerne ici, lignes 19 à 24: «Le roi Darius déclare:

yadiy avaθâ maniyâhay	Si tu penses
hacâ aniyanâ mâ tarsam	«Puissé-je ne point trembler du fait d'un autre»,

[1] Iranien *šiiâ* «se réjouir, être heureux» correspond au latin *quies* «quiétude, tranquillité»; il y aurait ici un beau sujet de recherche comparative.

[2] La chronologie relative des textes de Darius est entièrement construite sur la forme des listes d'empire.

imam pârsam kâram pâdiy	Protège ce peuple perse!
yadiy kâra pârsa pâta ahatiy	Si le peuple perse est protégé,
hyâ duvaištam šiyâtiš axšatâ	un bonheur sans rupture pour très longtemps
hauvciy aurâ nirasâtiy abiy imâm viθam.	grâce à Ahura descendra sur ce domaine.

Quelques remarques préliminaires s'imposent:

— Darius s'adresse à quelqu'un, à la deuxième personne du singulier; il est probable que ce quelqu'un soit simplement un Perse, sans que l'on n'en sache davantage.

— Je comprends vp *aurâ* comme l'instrumental de *a(h)ura-* «seigneur», et qu'il s'agit évidemment d'Ahura Mazdâ; *aurâ* n'est donc pas un adverbe signifiant «vers le bas» (Brandenstein-Mayrhofer, 1964, 108). Ceci est essentiel à la compréhension de la suite.

— Le verbe *nirasâtiy* «descendra» implique à lui seul la notion de «vers le bas», avec le préverbe *ni-*.

— vp *abiy imâm viθam* «sur ce domaine (clanique)»: en vp un *viθ* est un «domaine (clanique)»; ici il s'agit très clairement de Persépolis, domaine du clan royal; ceci est exprimé par deux choses: i) le démonstratif proche *ima-*, ii) par le fait que tout le panneau des inscriptions DPd,e,f,g, panneau situé sur le mur de soutènement sud de la terrasse, à l'extérieur, immédiatement visible et lisible, est une sorte de seconde inscription de fondation de Persépolis, la première étant DPh, trilingue, trouvée dans les fondations de la terrasse par Herzfeld[3].

Venons-en à la logique du discours du Grand Roi:

— un Perse qui souhaite «ne point trembler du fait d'un autre» doit, selon l'exhortation de Darius, «protéger ce peuple perse»;

— cette «protection» réalisée, un «bonheur sans rupture pour très longtemps descendra sur Persépolis».

On voit que «protéger le peuple perse» est l'action nécessaire à deux choses très différentes, la disparition de la «crainte» et l'arrivée du «bonheur»; or cette phrase est quand même un peu curieuse, dans la mesure où il s'agit de «protéger», vp *pâ*, le «peuple en armes» vp *kâra*.

Que cache donc ce verbe *pâ*, au sens pourtant si évident?

2. Pour comprendre, il faut aller voir l'inscription qui précède DPe sur

[3] Sur ce panneau trilingue voir ma prose du workshop de Groningen 1986: *Nugae antico-persianae*, Achaemenid History IV, Leiden 1990, 37sqq. Une bonne étude sur les textes de fondation de Persépolis manque encore.

le panneau: DPd (vp); de ce texte, seules nous intéressent les lignes 12 à 24 finales: «Le roi Darius déclare:

manâ auramazdâ upastâm baratuv	Qu'Ahura Mazdâ me porte son soutien,
hadâ visaibiš bagaibiš	accompagné de tous les dieux!
utâ imâm dahyâum auramazdâ	et aussi qu'Ahura Mazdâ protège ce
pâtuv hacâ hainâyâ	pays de l'armée ennemie, de la
hacâ dušiyârâ hacâ draugâ	mauvaise récolte, du mensonge.
abiy imâm dahyâum mâ ajamiyâ	Que sur ce pays ne déferlent
mâ hainâ mâ dušiyâram	ni l'armée ennemie ni la mauvaise récolte
mâ drauga	ni le mensonge.
aita adam yânam jadiyâmiy	Tel est le bienfait que je
auramazdâm hadâ visaibiš	demande (par la prière) à
bagaibiš	Ahura Mazdâ, accompagné de tous les dieux.
ai[tamaiy] y[ânam au]ramazdâ	Qu'Ahura Mazdâ m'accorde ce
dadâtuv hadâ visaibiš bagaibiš.	bienfait, accompagné de tous les dieux!

Il ne fait aucun doute pour moi, comme je l'ai démontré ailleurs[4], que ce texte se réfère à l'instauration d'un culte officiel qu'il faut comprendre selon trois axes:
— ce culte officiel met Ahura Mazdâ en première place dans le personnel divin;
— il implique un rituel précis, sans doute différent des pratiques antérieures, sans que nous puissions en dire davantage;
— il affirme le rôle obligé du Grand Roi comme intermédiaire entre les dieux et les hommes: le Grand Roi, qui officie plus ou moins directement, représente les Perses face aux dieux, les dieux face aux Perses.

Le bienfait que Darius demande à Ahura Mazdâ par sa prière, c'est le souhait implicite de chaque Perse, qui ne peut désirer ni la guerre, ni la

[4] «Manipulations religieuses de Darius Ier», Mélanges Pierre Lévêque, 197sqq.

famine, ni le mensonge: c'est donc grâce à la prière de Darius que la Perse sera protégée des maux trifonctionnels. Ainsi la «protection» effective est la conséquence de la prière effective de Darius à Ahura Mazdâ.

3. Voici éclairci le mystère du verbe *pâ* «protéger»: *il implique le culte* à Ahura Mazdâ. Je comprends donc que l'injonction de Darius, (DPe 19-24 (voir §1): «protège ce peuple perse» signifie en plus clair: «prie/rends culte à Ahura Mazdâ»; parallèlement: «si le peuple perse est protégé» implique la compréhension sous-jacente: «si la prière à Ahura Mazdâ est adressée».

Dans DPd, première inscription du panneau, Darius met en scène son culte à Ahura Mazdâ, où le roi officie envers le dieu en faveur de toute la société perse, théoriquement représentée par les maux trifonctionnels[5]. Donc c'est bien à n'importe quel Perse membre de ce peuple, que Darius s'adresse dans DPe: en effet, chaque Perse peut, par sa prière à Ahura Mazdâ, c'est à dire par sa participation au culte officiel nouvellement instauré, *chaque Perse peut donc obtenir qu'«un bonheur sans rupture pour très longtemps descende sur ce domaine royal»*.

4. Venons-en à *šiyâti-*.

Chaque Perse peut, par sa prière à Ahura Mazdâ, faire «descendre un bonhcur (...) sur ce domaine royal». Or Darius dans DPd demande le «bienfait» suivant à Ahura Mazdâ: que ni «l'armée ennemie, ni la mauvaise récolte, ni le mensonge ne déferlent sur ce pays».

Il y a à mes yeux un parallélisme évident entre le «bienfait» demandé par Darius et le «bonheur» qui descend sur Persépolis: le «bienfait» est l'objet souhaité, le «bonheur» est le résultat obtenu quand Ahura Mazdâ a accordé le «bienfait». vp *šiyâti-* n'est à mes yeux rien d'autre que *l'absence de guerre, de mauvaise récolte, de mensonge et l'état de bonheur paisible* qui en découle; une prospérité dans la paix intérieure et extérieure.

Le «bonheur» descend sur ce domaine grâce à Ahura: c'est donc en ce monde l'action réalisée d'Ahura Mazdâ, dans la mesure où on le prie: Ahura Mazdâ et ses fidèles, dont Darius, font règner l'ordre réalisé en ce monde.

Dans le formulaire des «Créations d'Ahura Mazdâ», on trouve le texte

[5] Voir Herrenschmidt «Les historiens de l'empire achéménides et Bisotun», *Annales*, 1982, pp. 813-823.

suivant: «Ahura Mazdâ est le grand dieu, qui/il a créé(?) (*adâdâ*) cette terre-ci, qui a créé (id.) ce ciel-là, qui a créé (id.) l'homme, qui a donné le bonheur à l'homme (*šiyâtim adâdâ martiyahyâ*)»; (DZc, DSf, DSe, DNa etc). Il y est donc dit bien clairement que le «bonheur» est ce qui concerne proprement l'homme: c'est le seul cas où vp *adâdâ* «a créé(?), a donné» se construit avec un datif; si dans ce cas on doit penser que vp *adâdâ* veut dire «a donné» (Kellens, *«Ahura Mazdâ n'est pas un dieu créateur*, note 20)[6], le doute demeure pour les autres attestations du verbe (Kellens, id.); mais il me semble qu'il faut trancher: je crois qu'il ne s'agit pas d'une «création» mais d'une «mise en place»: Ahura Mazdâ *par son action propre a statué de la place* de la terre, du ciel, de l'homme et a donné à l'homme la «paix» vp *šiyâti-*, *du fait de la bonne action rituelle de ce dernier*.

Ainsi vp *šiyâti-* entretient de forts rapports conceptuels avec vp **arta*, av. *aša*, skr. *ṛtá-* «ordre cosmique, justice, vérité, exactitude rituelle etc.»; vp *šiyâti-* serait en quelque sorte un sous-ensemble de l'«ordre» complet, représenté par **arta*: qu'on l'appelle le «bonheur», la «paix», ou quoi que ce soit d'autre, vp *šiyâti-* est pour les Perses du temps de Darius, une catégorie proche de l'«ordre cosmique» (*arta*), mais en même temps différente.

Et ceci est en quelque sorte clairement dit dans XPh 46-56 «Toi qui dans l'avenir sacrifieras (à Ahura Mazdâ) tu seras heureux (*šiyâta*) pendant ta vie et juste (*artâvâ*) après ta mort. Observe la loi qu'Ahura Mazdâ a instaurée, rends culte à Ahura Mazdâ au bon moment et selon le rite. L'homme qui observe la loi qu'Ahura Mazdâ a instaurée et qui rend culte à Ahura Mazdâ au bon moment et selon le rite, celui-là est heureux (*šiyâta*) pendant sa vie et juste (*artâvâ*) après sa mort»[7].

vp *artâvâ* «heureux après la mort, juste» et *šiyâta* «heureux pendant la vie» se répondent strictement; ce n'est pas le cas en avestique, où *ašauuan* désigne le «juste, bon», en un mot le «mazdéen», celui qui suit le bon rite; sont *ašauuan* aussi bien les Mazdéens vivants que les Mazdéens morts.

Pour Darius et les siens, s'il fallait être un bon mazdéen pendant sa vie pour jouir de l'au-delà, il fallait l'être selon l'ordre instauré par le roi au

[6] Mélanges offerts à Gilbert Lazard, pp. 217-228.

[7] Il est intéressant d'observer l'usage complémentaire de *jad* «demander (par la prière)» chez Darius et de *yad* «rendre culte» chez Xerxès.

nom de son dieu: il ne suffisait pas de l'être selon la catégorie cosmico-socio-rituelle de l'*arta*.

vp *šiyâti-* n'est pas un concept gâthique; c'est un concept que les Perses ont dû, à un moment de leur histoire, inventer. Pourquoi? Bien évidemment à cause de la complexité croissante de leur société, du monde dans lequel ils se trouvaient acteurs: pour un tel monde, où le divin se réalisait dans l'action d'un roi — action définie sur tous les plans: juridique, guerrier, rituel, etc. — une notion moins vague et moins générale qu'*arta* était nécessaire.

vp *šiyâti-* montre que la société perse conçue autour du Grand Roi s'autonomise par rapport au divin.

On voit ainsi la différence profonde qui sépare les mondes qui ont produit les textes avestiques et celui des Perses achéménides: aux premiers a manqué le rôle du roi comme acteur de l'ordre général réalisé dans ce monde, en un mot: l'état.

5. Avec quoi d'iranien peut-on comparer vp *šiyâti-*? Je dois à Jean Kellens la suggestion d'aller voir ce qui se passe du côté du vieil-av. *râman-* «la paix»; c'est ce que nous allons faire, rapidement[9].

— Yasna *29, 10* (traduction Kellens, *Gâthâs*): «Vous, maître, (= *ahurâ*), accordez-leur adéquatement et avec bonne pensée la puissance et cette emprise par laquelle on s'assure bonne habitation et paix. Moi, c'est sûr, je considère, ô Attentif (= *Mazdâ*), que tu en es le dispensateur initial».

Ici, le locuteur demande à Ahura Mazdâ l'emprise (rituelle: av. *xšaθra*) par laquelle on obtient «bonne habitation (*hušəitiš*) et paix (*râman*); i) la «paix» est associée à la «bonne habitation»; ii) elle découle de l'«emprise rituelle»; iii) Ahura Mazdâ en est le dispensateur.

— Yasna *35, 4.* (trad. Kellens): «Pour la vache les meilleures actions sont celles par lesquelles nous poussons ceux qui écoutent et ceux qui n'écoutent pas, ceux qui le peuvent et ceux qui ne le peuvent pas à lui donner paix (*râman*) et pâture (*vâstra*)».

av. *râman* concerne ici le pastorage tranquille pour les troupeaux.

— Yasna *47, 3.* «Tu fais (de sorte que) Ârmaiti (la Déférence) (soit) la paix (*râman*) pour sa pâture (*vâstrâi*: la pâture de la vache)».

[8] La racine *šiiâ* «se réjouir, être heureux» n'est pas absente de l'Avesta, mais, curieusement, elle fournit moins de rapprochements intéressants que le vieil-avestique *râman*.

[9] Toute ma pauvre connaissance des Gâthâs me vient des travaux de Jean Kellens; qu'il en soit plus que remercié: béni!

Nouvelle association de «paix» et «pâture».
— Yasna *48, 11.* «Quand, ô Attentif, viendra Ārmaiti (...) portant bonne habitation et pâture? (...) Quels sont ceux qui obtiendront la paix (*râman*) malgré les trompeurs sanguinaires? (...).
— Yasna *48, 12.* «Ceux-là seront les sacrifiants (av. *saošiiant*) des pays qui s'attacheront à la connaissance (ou l'accueil) selon la bonne pensée, par les actes, selon l'adéquation, de ton enseignement, ô Attentif».

On trouve ici les associations suivantes, parmi d'autres qui nous concernent momentanément moins: i) Ârmaiti est pourvue de bonne habitation et de pâture; ii) les sacrifiants des pays (av. *daxiiu* = vp *dahyu*) obtiendront bonne habitation et pâture, paix, dans la mesure où ils sauront mettre en actes (rituels) l'enseignement d'Ahura Mazdâ. C'est du moins ce que je me hasarde à comprendre.
— Yasna *53, 8.* «et que par ceux (qui ont un bon pouvoir rituel) la paix soit rendue aux villages sédentaires (*šiiata-, vîs*)».

La Paix est associée: i) au pouvoir rituel, ii) aux villages sédentaires.

On ne peut qu'être surpris par les rapprochements entre vp *šiyâti-* et viel avest. *râman*; certes la présence de l'entité Ârmaiti, celles, différentes peut-être, de *aṣ̌a* et de *xšaθra*[10], compliquent grandement le paysage rituel du côté des Gâthâs, ce qui est normal; d'autre part, la paix (*râman*) gâthique concerne davantage la pâture des troupeaux — ou de la vache — que l'habitation humaine: n'empêchent que pâture et bonne habitation, ou villages sédentaires, sont associés dans l'idée de paix; enfin *Yasna* 48, 12 montre que les pays seront nantis de bonne habitation et de pâture grâce l'action rituelle de leurs «sacrifiants».

Bien que beaucoup moins explicites, nos passages vp ne nous mènent pas loin des conceptions gâthiques: malgré l'absence des troupeaux — encore que ceux-ci soient implicites à la notion de *šiyâti-* et l'énorme place prise par le roi chez les Achéménides les idées générales sont les mêmes en vieil-avest. et en vp.

Au demeurant ce rapprochement ne doit ni nous étonner — il pourrait être fait avec des cultures très différentes — ni nous amener à établir des correspondances mécaniques, comme, par exemple, celle qui verrait en Darius un «sacrifiant du/des pays» (vieil-avest. *saošiiant-*). Rien n'est mécanique dans les points de contact entre l'univers perse et l'univers gâthique.

[10] Pour la réflexion sur les «entités» voir J. Narten *Die Ameša Spenta im Avesta*, 1986.

— Yasna *68, 14-15* (il s'agit du Yasna non gâthique): «Je souhaite un bon établissement, un établissement tranquille, un long établissement (*hušiti, râmô.šiti, darəgô.šiti*) à cette maison (*visê*), je souhaite un bon établissement, un établissement tranquille, un long établissement à toute maison mazdéenne» (traduction Kellens, *NR*, 113). (...) Je souhaite à ce pays (avest. *daxiiu*) paix (*râman*) et pâture (*vâstra*). Je leur souhaite (à la communauté des Mazdéens) tout ce qui est bon (*vohu*) (et) juste (*aṣ̌auuan*) entre la terre et le ciel».

C'est évidemment ce passage qui nous rapproche le plus sensiblement du texte perse, i) du fait de la séquence «bon établissement, établissement tranquille, long établissement», qui ressemble d'assez près au vp «un bonheur pour très longtemps sans rupture» (alors qu'aucun terme religieux n'est commun aux deux textes), ii) du fait de la double présence de l'entité spatialo-sociale du vp *viθ*- avest. *vîs*- «domaine, maison». Dans le Yasna 68, comme chez les Achéménides, ce sont le *vîs*- vp *viθ* et le *daxiiu*- vp *dahyu* qui sont importants et structurants, au détriment de la famille immédiate et de la tribu. De nombreuses remarques pourraient encore être faites, dont je ne retiens ici qu'une seule: il me semble tout à fait raisonnable de penser que «tout ce qui est bon (*vohu*) et juste (*aṣ̌auuan*)» en avestique soit l'exact pendant du vp *fraša* (DNb) associé à la *šiyâti*, en ce sens que le couple *vohu-fraša* exprime le caractère «bon» de la création d'Ahura Mazdâ et le couple *aṣ̌auuan-šiyâti* le caractère de «récompense pour rituel rendu à Ahura Mazdâ par l'homme». Il faudra revenir au Yasna 68 qui par plus d'un aspect concerne les études achéménides en même temps qu'il est truffé de références au Yasna Haptaŋhâiti.

Reste à savoir ce que l'on peut faire de pareils rapprochements. En effet, mon but n'étant pas, et loin de là, de prouver que les Achéménides étaient «zoroastriens» — alors qu'ils étaient assurément «mazdéens» — c'est avec le sentiment d'une assez grande surprise que je les ai enregistrés.

L'imperméabilité réciproque du vocabulaire religieux perse et du vocabulaire avestique ne peut énoncer qu'une seule vérité: l'indépendance des Perses à l'égard du canon. Je ne veux pas dire par là qu'ils n'ont pas entendu réciter les Gâthâs ou des fragments d'Avesta: mais si, lors de la création ou de la mise en valeur d'un concept essentiel de leur vision du monde, ils ont été piocher dans le vieux vocabulaire, sans avoir recours à la langue des spécialistes de la parole divine, c'est bien que celle-ci n'avait pas à leurs yeux la valeur qu'attribuent à l'Avesta et la science moderne et la tradition mazdéenne.

Parallèlement, le fait que le tableau idéologique global — la relation entre le rituel, la paix, le pouvoir sur les pays et Ahura Mazdâ — soit, avec des variantes dues aux époques et aux différences de nature des textes, à peu près le même dit encore une autre évidence: ce tableau idéologique est très ancien, il remonte à des siècles en arrière — peut-être l'analyse de la notion de «paix» dans les Védas, en Grèce ancienne, à Rome, chez les Hittites nous serait-elle utile ici — et à mes yeux appartient au moins à la communauté iranienne occidentale et orientale confondue; cette communauté a pu le conserver dans ses grands traits, alors que chacun de ses membres en venait à le désigner par un vocabulaire différent; en conséquence de quoi on doit penser que la dite «réforme de Zarathuštra» n'y a rien changé, n'en a pas touché un *iota*, s'est glissée dedans.

Naviguant au jugé entre une tradition religieuse en pleine transformation et une situation historique nouvelle, les Perses ont créé leur propre univers théorique, tout en conservant les schémas de l'antique pensée iranienne: vp *šiyâti* «le bonheur» en est la preuve.

Cette création a été rendue nécessaire par de nombreux facteurs dont un seul est évident: l'immense place prise sous les Achéménides, et sans doute avant eux, par le pouvoir royal, y compris sur le plan rituel. C'est à partir de l'existence du pouvoir royal centralisé et de l'empire englobant que se sont amalgamées et réduites les hétérogénéités diverses, celle du personnel divin — Ahura Mazdâ et les autres dieux, celle du personnel spécialisé — les Mages, les *haturmakša* et les autres prêtres —, celle des rites (le feu, le *lan*, le *bagadaušiya* et les autres rites), celle des mythes.

Si nous sommes loin d'une description convenable de cet univers, il faut bien voir qu'un seul fil méthodologique nous permetra d'avancer: il faudra désormais partir des données achéménides — inscriptions, tablettes de Persépolis, textes de toutes origines, *Nebenüberlieferungen* car ces données ont l'énorme valeur d'être en bon état (= de ne pas poser de problème de tradition manuscrite) et d'être datées — pour aller vers l'Avesta, et non le contraire, comme on l'a toujours fait.

Abréviations:
NR: Jean Kellens, Les *Noms-racines de l'Avesta*, 1974.

SOME REMARKS ON FIRE ALTARS OF THE ACHAEMENID PERIOD

BY

J. HOUTKAMP

Introduction

The importance of sacred fire in the religion of the Achaemenid kings is clearly attested to by classical texts and archaeological remains. The archaeological evidence comprises of remains generally identified as fire temples and fire altars, and depictions of fire altars on seals and reliefs. It is not the first time that these objects have been the subject of study, but in this article I wish to put forward some new thoughts about the fire altars[1].

It is usually thought that two types of fire altars existed. The best-known is the altar with stepped top and base, depicted on the tomb reliefs of the Achaemenid kings. The second type, namely the so-called tower altar, is generally regarded as a special type of fire altar which only appears on seals. The latter identification has been used as an argument in discussions on the nature of the structure that is depicted on certain coins of the Frataraka-rulers of Persis. There are, however, several indications that the tower altar on the Achaemenid seals was not a fire altar.

The second objective of this article is to present a collection of fire altars which are depicted on Achaemenid reliefs and seals, plus the remains of structures which are usually designated as fire altars from the same period.

The first problem that arises is the designation "fire altar". M. Boyce[2] has drawn attention to the fact that the use of the word "altar", namely "a surface, usually elevated..., prepared or adapted to receive a sacrifice"[3],

[1] The material used for this paper is taken from my M.A. thesis on (so-called) fire altars from the Achaemenid, Parthian and Sasanian periods. The main research for this thesis was concluded in May 1986. In the catalogue often recent publications are mentioned, which contain references to many older publications of the objects.

[2] Boyce 1982, p. 52.

[3] Hastings 1908, vol. 1, p. 333.

is inaccurate in this context. The sacred fire was probably kept in a metal or clay bowl, which, for devotional purposes, was sometimes placed on a high stand. Boyce calls this stand a "fire-holder". Nevertheless, the word "fire altar" is used in this paper, not only because it is commonly used in the archaeological literature on Iran, but also because it denotes the religious and ritual character of the structure. It should, however, be used only when it can be assumed that the structure was intended for the veneration of the sacred fire. The use of the word fire altar is, in my opinion, incorrect when referring to other cults or rituals in which fire was used, for instance to burn offerings for the gods.

The first type of altar: the altar with stepped top and base

In studies of the archaeological remains of the Achaemenid fire cult, two or three different types of altars are mentioned[4]. The best-known type is the pillar altar with stepped top and base. Depictions and reconstructions using actual fragments show that these altars were made of stone and were probably about 1.10 m. high. The fire was thus raised to a little above waist-height. The altars usually consist of a two or three-stepped top and base, joined by a more or less rectangular shaft on which often one or two rectangular, inlaid panels are depicted. Surviving fragments show that in the top a cavity was made, which was meant to contain fuel for the fire or, more likely, a bowl holding the fire. This type of altar is also known in the Parthian and Sasanian periods.

The altar with stepped top and base is depicted on the famous façades of the royal tombs at Naqsh-i Rustam and Persepolis, and on several seals. It is always shown bearing a large fire, consisting of many flames. The reliefs of the royal tombs also show the importance of the fire for the Achaemenid kings. The meaning of the scene is, however, not quite clear; it is not even known whether it represents a religious rite which took place in reality or merely a composition of symbols and objects that were important for the king or essential to the concept of kingship[5]. The relief shows the king, who stands on a three-stepped podium before an altar with a large fire. The king holds a bow in his left hand and raises his right

[4] Yamamoto 1979, pp. 30ff. (among others)

[5] Some aspects of this composition are drawn from neo-Assyrian and neo-Babylonian art, "but the skeletal compositional framework was cast in a new political and religious context" by the Achaemenid artists. Root 1979, p. 178.

hand in a gesture of greeting or reverence. Above the king and the altar floats the figure of a man in a winged circle, while in the upper right corner a disk with inscribed crescent is depicted. The king on his podium and the altar rest on a large platform or throne which is supported by columns with bull capitals and two rows of subjects.

It is not clear, whether the gesture of the king is directed towards the figure within the winged disk or towards the fire. M. Root thinks that the scene is the product of two normally distinct scene types, and that the attention of the monarch is focused on both the fire and the figure in the winged disk[6]. The figure in the winged disk is generally thought to represent Ahura Mazda, or the (royal) *xvarnah*, which was supposed to reside in the fire and which, according to Boyce, "accompanies each ruler and attaches itself to a whole dynasty through the sacred power of royal blood"[7]. In either case, attention is drawn to the divine origin of the royal power.

The presence of the fire altar also probably refers to divine and royal power. The importance of the altar in the tomb relief already suggests, that fire had a special meaning for the king and his subjects. Classical authors writing about the Persians mention several times that the sacred fire had a particular connection with the king. The presence of fire was appropriate in military events, possibly because of the king's role as the head of the army and protector of his empire. In military parades a fire was carried near the chariots which were thought to be occupied by several gods[8]. The sacred fire seems therefore to have been used as an emblem of the royal power and its divine origin, of the empire and of the religion protected by the king. A religious rite in which the king faces the fire altar while standing on a podium in the presence of his subjects may, therefore, well have taken place in reality[9].

On the seals the altar with stepped top and base is often more clearly the centre of a ritual. On four of the seals, the altar is flanked by two men in so-called Median clothes, usually regarded as priests, who are tending

[6] Root 1979, p. 176.

[7] Boyce 1982, pp. 103-104. Compare Shahbazi 1974, 1980 and Lecoq 1984. If the symbol represents the royal *xvarnah*, an interesting parallel can be found on Sasanian coins, where the bust of a man sometimes appears in the flames on a fire altar.

[8] Xenophon, Cyropaedia VIII, III, 12; Curtius Rufus, Historia Alexandri III, III, 9-13.

[9] Cf. Root 1979, pp. 179-180.

Fig. 1. Fire altar with stepped top and base, seal impression PT3 363 (Persepolis Treasury) (after Schmidt 1957, pl. 7)

the fire in some way[10] (Fig. 1). On one other example two men in long "Persian" robes are performing this task.

The altar with stepped top and base is generally regarded as a distinctly Iranian type of altar, whereas the so-called "tower-altars", to be discussed in the next section, are almost certainly derived from Near Eastern prototypes. Stepped structures, more or less resembling the Achaemenid altars found in south-western Iran, were used in different areas of Iran as hearths or altars before and after the Achaemenid period. One of the most intriguing examples is the stepped mudbrick altar excavated in the central temple at the Median site Tepe Nūsh-i Jān. Although this cannot be called a fire altar until some evidence is found about the cult for which it was used, it suggests that a tradition of using this type of structure existed before Achaemenid times[11].

W. Kleiss and P. Calmeyer have pointed out the similarity in shape of the fire altars on the tomb reliefs in Naqsh-i Rustam and Persepolis, and two Achaemenid towers, the Zendān-i Sulaimān in Pasargadae and the Ka'aba-i Zardusht in Naqsh-i Rustam[12]. This similarity may, I think, be explained in two ways.

[10] Yamamoto 1979, pp. 31-32.

[11] It is possible that the altar with stepped top and base is derived from other, non-Iranian faiths. A cylinder seal found at Persepolis shows an altar with a three-stepped top and base. It has been called neo-Assyrian (Boyce 1982, p. 52; Yamamoto 1979, p. 33; Schmidt 1957, no. PT5 791), but also Achaemenid (Moorey 1978, p. 149, footnote 86). Even if this shape did not have a purely Iranian origin, it became the typical Iranian/Zoroastrian fire altar in later periods.

[12] Kleiss and Calmeyer 1975.

Firstly, large fire altars similar to those on the tomb reliefs were built of stone and, as stone structures, could be provided with elements that were common in architecture, such as niches and panels[13].

In addition to this, the Achaemenid artists may have continued a very old Near Eastern tradition in which altars were regarded as the seat or shrine of the deity, and were given the characteristics of a building. This point will be explained more fully in the next section.

Achaemenid fire altars are never clearly described in classical texts. Xenophon mentions a great altar with a fire, carried by men in the army of Cyrus the Great[14]. Root supposes, that Xenophon may have alluded to an altar set on a great platform[15]. However, the word used by Xenophon is "ἐσχάρας", which, as Y. Yamamoto noted, often means "brazier"[16]. Curtius refers to silver altars on which fire was carried in the army of Darius III[17]. Perhaps we must think of the simple containers for fire again, large (metal) bowls, that were only placed on a stand for special occasions. In this respect it is interesting to compare the modern Zoroastrian fire "vases" used for important sacred fires. These are made of metal, and are often provided with two rings. Bars can be put through these rings in order to facilitate carrying the vase without touching the metal. During rituals the vase is placed on a low stone stand. The fire is kept on the same height as the officiating priests, who are seated on the ground[18].

The second type of altar: the tower altar

A small number of Achaemenid seals show an altar which resembles a tower, and is generally considered to be another type of fire altar (Fig. 2). These so-called tower altars consist of a large, rectangular plinth with panels, and a bifurcated top which looks like the front view of two corner battlements. Between these battlements a long, rod-like object sometimes appears. This is usually thought to represent fire or a flame, although the shape is quite different from the large, often oval fires with several flames

13 Suggestion by Prof. Trümpelmann.
14 Xenophon, Cyropaedia VIII, III, 12.
15 Root 1979, p. 159.
16 Yamamoto 1979, p. 36.
17 Curtius Rufus, Historia Alexandri III, III, 9.
18 Gropp 1969, Tafel 61, 62,1.

Fig. 2. Tower altar on cylinder seal, Bibliothèque Nationale no. 401
(after Lecoq 1984, fig. 26)

that are depicted on the altars of the first type[19]. Unlike the first type of altar, these tower altars are never depicted on reliefs, nor have any fragments been found.

The scenes depicted on the seals, on which the tower altars appear, are at first sight very similar to the scenes described for the altar with stepped top and base. The altar is flanked by two men, who are wearing Persian-style clothes with long skirts and fluted headdresses, possibly dentate crowns. Though it is perhaps not safe to draw conclusions from a limited number of seals, the men never seem to be engaged in a ritual, unlike most of the men on the other seals. They are merely making a gesture of greeting or reverence towards the altar.

Despite the fact that no fire is clearly depicted, the tower altars are also usually thought to be fire altars. Yamamoto even thinks that these seals show the king and his heir or his father facing the dynastic fire that is burning on its own, special altar[20]. In her opinion, the altar with stepped

[19] On some other seals the area between the battlements is blurred.

[20] The royal or dynastic fire was probably developed from the hearth-fire of the king, and was closely related to the well-being of the king and the empire. Evidence on the existence of royal fires belongs mainly to the Sasanian period, but there are indications for the existence of similar fires in the Achaemenid and Parthian periods as well.

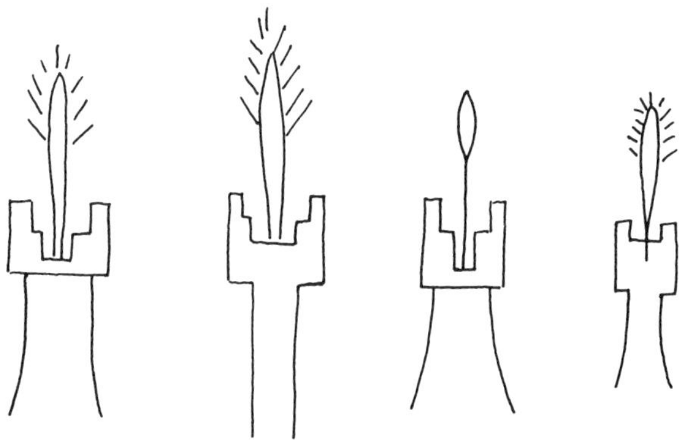

Fig. 3. Engraved motifs on bronze bowls from Karmir Blur
(after Khlopin 1977, Abb. 1-4)

top and base was the one used in rituals. This is, however, in contradiction with the royal tomb reliefs where the fire altar seems to have a strong symbolic meaning. If two different fires and different altars did exist, one would expect the dynastic fire to be depicted in the tomb reliefs.

The tower altar is possibly derived from older, Near Eastern prototypes. Examples can perhaps be seen on Assyrian reliefs from Khorsabad and Kuyunjīk, dating from the 8th and 7th centuries B.C. The battlement shaped decorations on these examples, however, not only cover the corners of the plinth, but also the middle part, and nothing is shown on or above the altar. At first sight a more interesting parallel is to be found in engraved motifs on bronze vessels discovered during excavations at the Urartian site of Karmir Blur. The engravings show small towers with corner battlements, between which a long object, usually called a tree, appears (Fig. 3). According to Kleiss, the towers on the vessels refer to Urartian fortresses and are a symbol of the martiality of Urartu, used by an important person who was the owner of the vessels[21]. A bronze model of a tower with corner battlements, probably from Toprak Kale near Lake Van, is also thought by some to have served as an altar.

These possible prototypes do not bring us much nearer to the meaning of the structures on the Achaemenid seals. A problem similar to the one discussed above occurs on three series of coins of the so-called Frataraka-

[21] Khlopin, having the Achaemenid seals in mind, interprets these as fire altars used in the cult of the sun. (Khlopin 1977) Calmeyer, however, shows that in fact trees are depicted on top of towers (Calmeyer 1979, p. 189).

Fig. 4. Coin of king Baydād (after Naster 1970, pl. V. 1)

rulers of Persis, dated by M. Alram to the second and first centuries B.C. These rulers tried to show continuity with the past by preserving Achaemenid culture. This is apparent, for instance, in their coins and their royal names. The reverse of the first series of coins shows the king facing a structure with a large door and crowned by three objects; these objects are sometimes thought to be altars, but they may also represent battlements[22] (Fig. 4). On the coins of king Vādfradād I, a figure in a winged disk floats above the structure, and the king is shown holding a bow. The scene thus resembles the Achaemenid tomb reliefs (Fig. 5).

Fig. 5. Coin of king Vādfradād I (after Alram 1986, Tafel 18, 544)

[22] Alram 1986, pp. 162ff. Cf. J. Wiesehöfer 1988.

Fig. 6. Coin of king Dārēv I (?) (after Naster 1970, pl. V. 11)

On the second series of coins, the structure is gradually simplified and reduced in size to such a degree, that it is often thought to represent an altar (Fig. 6). Because no sudden change in the depictions on the reverse of the coins can be discerned, the structure on the first series is sometimes also described as an altar. The figure at first depicted above the scene is now lowered between the battlements of the structure. The wings are often interpreted as flames, and the structure as a fire altar[23].

The reverse of the third series of coins shows an important change: the king, holding the *barsom* in his hand, is facing a fire burning on an altar with a stepped top and base, of the same type as the ones on the Achaemenid seals and reliefs.

We are now confronted with the same problem as we encountered earlier in the case of the Achaemenid seals. If, as some archaeologists think, the building-like structure on the second series of coins represents a fire altar, then why is the fire not depicted more clearly, and why did the designers of the seals use two different types of fire altars?

Other theories hold, that the structure on the first and perhaps also on the second series of coins is a representation of a tower[24]. The most comprehensive explanation is given by B. Goldman. He has collected a considerable quantity of material to demonstrate the existence in the Near East from prehistoric times onwards of a type of sacred building as the focus of worship, which combined aspects of an altar, a shrine and a tomb. One of the most important elements or symbols characterizing this structure was the portal, where the deity was thought to appear. According to Goldman, the coins offer "an instructive example of the process by which a structure which holds an altar is gradually transformed into an

[23] Among others Stronach 1966, pp. 220-221.
[24] For instance Naster 1970.

altar but with the retention of the portal even after its function as a means of entrance to a building has disappeared"[25]. He thinks the structures are representations of the Achaemenid towers in Pasargadae and Naqsh-i Rustam, the Zendān-i Sulaimān and the Ka'aba-i Zardusht. His conclusion is as follows: "The coin sequence would appear to indicate that the tower was a sacred shrine, ..., to which the ruling dynasty came in worship or commemoration. .. .. it was no temple but a place sacred to the royal family and the god of the state"[26]. According to H. Sancisi, the towers were primarily built for the coronation of the Achaemenid kings, but in addition may also have served as repositories for the sacred fire[27]. In this way, the towers can perhaps be linked with the fire cult.

The towers are thus symbols of kingship and its divine origin, just like the fire altar. If they are in fact depicted on the coins of the Fratarakās, it may help to explain, why the scene on the coins shows so many similarities in all three series, and why it resembles the Achaemenid representations of the king before the fire altar on the tomb reliefs and seals: they all express the same idea. It also helps to explain the difference between the gesture of the king on the first two series, and on the third series of coins: on the first two series, the king raises his hand, a gesture of reverence perhaps, while on the third series he is holding a *barsom*, an important object in the fire ritual. The Achaemenid seals show the same variation: the persons facing the altar with stepped top and base are often, though not always, engaged in a ritual, whereas those flanking the tower altar are making a gesture of greeting or reverence.

A flaw in this chain of reasoning is that the structures on the Fratarakā-coins are crowned by battlements or by altars for which there is no evidence on the Zendān and the Ka'aba. Although temples with rooftop altars are known to have existed in the Near East, the roofs of these two towers were unsuitable for the performance of a ritual. It has been suggested that on the coins an artistic convention has been used to indicate the presence of altars inside the building or the sacred area[28]. Nevertheless, an immediate recognition of the structures on the coins as one of the Achaemenid towers, as would have been the intention of the

[25] Goldman 1966, pp. 127-128.
[26] Goldman 1966, p. 133.
[27] Sancisi 1983.
[28] Trell 1970, p. 38; Naster 1970, p. 127.

designers, is less probable because of this. It is safer to conclude, that they represent a certain type of building, of which the Ka'aba and Zendān were examples.

According to Goldman's theory, the distinction between a shrine and an altar was not a clear one. Both could have the shape of a tower. The structures on the coins of the Frataraka-rulers refer perhaps to the Achaemenid towers, first as shrines and then later shaped like altars. The structures on the Achaemenid seals seem to me to be altars, bearing a divine symbol, and by its tower-like shape referring to a shrine. This shrine probably had a special connection with the royal house and was recognized as a symbol of royal power and its divine origin.

RELEVANT RELIEFS AND FINDS, DATED BEFORE THE ACHAEMENID PERIOD

Karmir Blur, Armenia. USSR, ancient Urartu.

Bronze bowls with engraved motif resembling a tower with large battlements. Between these appears a thin, rod-like object.

Khlopin thinks a flame is depicted, but the usual interpretation is a tree.

Date: 8th cent. B.C. or later.

Ref: Khlopin 1977, pp. 58 ff.

Khorsabad (Dur Sharrukin), northern Iraq.

Bas-relief belonging to Sargon II's palace.

To the right an artificial (?) hill, planted with trees, and crowned with an altar with pinnacles or stepped battlements.

Date: neo-Assyrian, 2nd half of the 8th cent. B.C.

Ref: de Francovich 1966, p. 212, fig. 23.

Kuyunjīk (Nineveh), Iraq.

now in the British Museum, London.

Relief from the palace of Ashurbanipal. Pavillion or shrine, standing on a hill surrounded by trees. "A wide path leads straight to the top of the hill towards a stele bearing the image of the sovereign and preceded by an altar". (de Francovich 1966 p. 212). The altar is crowned by pinnacles or stepped battlements.

Date: neo-Assyrian, period of Assurbanipal (669-626 B.C.).

Ref: de Francovich 1966, p. 212, fig. 24; Frankfort 1970 fig. 207.

Nūsh-i Jān Tepe (Kurdistān).
Altar in central temple.
Stronach 1984 pp. 479 ff: "Its straight-sided socle rises directly from the floor and is surmounted by four outsteps. It has a relatively shallow, hemispherical fire-bowl set at the middle of its square upper surface (...) and parts of the sides of the altar still retain one or more layers of hard plaster. The fire bowl itself has a raised plaster rim and a burnt, blackened appearance".
Height: 85 cm.
Date: ca. 750-600 B.C., "Median" period.
Ref: Stronach 1984, pp. 478 ff.

Toprak Kale (?) near Lake Van, south-eastern Turkey, ancient Urartu.
now in the British Museum, London.
Bronze model of a tower, sometimes called an altar, with stepped battlements. The panels represent a window.
Date: 8th to 7th cent. B.C. (?)
Ref: Garbini 1958, fig. 5 (right), pp. 86-87.

FINDS DATED TO THE ACHAEMENID PERIOD

REMAINS OF ALTARS AND CULT INSTALLATIONS

Altyn-10, Bactria, northern Afghanistan.
Building no. II, according to Sarianidi perhaps a "winter palace".
Sarianidi 1977, p. 102: "In one of the corner rooms, a heap of three-stepped unbaked clay pyramids covered with white gypsum (...) were found lying haphazardly on the floor".
Sides 0.35 m.
Date of building no. II according to Stronach late 5th cent. B.C.
Ref: Genito 1987, pp. 481-482, pl. IV; Sarianidi 1977, p. 102, fig. 50; Stronach 1985b, pp. 610-612.

Bünyan, central Anatolia
now in the Museum of Anatolian Civilizations, Ankara.
Limestone pedestal, with a two-stepped plinth and top, sometimes thought to be an altar.
The reliefs on the shaft depict a man in "Median" clothes holding a bowl in his left hand and a *barsom* in his right hand.

Height: 55 cm. Width: max. 37 cm.
Date: the reliefs are Achaemenid in style but Bittel 1952 points out that this style may have existed in Cappadocia following the fall of the Achaemenids.
Ref: Bittel 1952; Boyce 1982, p. 147; Moorey 1979, p. 222.

Dahan-i Ghulāmān (Sīstān).

Building no. 3 (QN3).

1. Three large, rectangular brick altars in the middle of the courtyard. Only phase B. Scerrato 1979 pp. 718-719: "They stand on a wide base, accessible by means of six "steps", three on each of the long sides in the case of the altars in the middle and to the east, whereas in the one on the west the steps are divided unequally between all four sides. The altars are empty inside and must have contained the fire, which was stoked through a hole opening on to the base, as can be seen from the inside walls which have been fired by the flames". Height (reconstructed): at least 2.10 m.

2. In the porticoes around the courtyard fire containers or ovens were found "which must have had the appearance of a small chest covered with bricks forming a sloping roof". (Scerrato 1979, p. 716) Boyce 1982, p. 129: "These were usually set in pairs, either on opposite sides of a pillar or against a wall; ... Subsequently these were demolished and the remains plastered over; and thirteen new and elaborate ovens were installed in two of the porticoes. These had a rectangular lower compartment for the fire, with a hole for tending it, and an upper one with an ogival vaulted roof, separated from the lower one by a clay diaphragm, and completely open on one side. A slot to one side of the diaphragm allowed flames to rise up from the lower compartment, searing the underside of the vault, but not directly touching anything in the upper compartment".

The "pyraea", as Scerrato calls them, in the western and southern porticoes are somewhat different; about those in the western portico, Scerrato (1979, pp. 722-723) says: "Up against the pillars of the inner row, on the side towards the courtyard, there are six ovens (...). They seem to have been a variation of the double compartmented type, but they are smaller than those we have described in the E and N porticos. All that is left of them is two parapets and we can make out a covering, perhaps with sloping sides... They all have steps on both sides".

3. In the western portico three large troughs were installed, which show traces of fire and contain ashes mixed with animal bones.

Although these fire places were apparently used in some religious cult there is no proof that this cult was related to the religion of the Achaemenids in south-western Iran.

Date: the building and the cult installations in it are usually dated to the Achaemenid period, but may belong to late or post-Achaemenid times.

Ref: Boyce 1982, pp. 128-130; Schippmann 1971, pp. 50ff.; Scerrato 1966, 1979.

Dahan-i Ghulāmān (Sīstān).

House no. 6 (QN6).

In the hall (room i) a low square "altar" with steps was found.

Scerrato (1966) thinks it was a domestic shrine.

Date: generally dated to the Achaemenid period.

Ref: Genito 1982, p. 219; Scerrato 1966, fig. 50; Scerrato 1979, fig. 16.

Dahan-i Ghulāmān (Sīstān).

Occupation in the area of house QN 16, after it was deserted.

Altar consisting of a small base, a slender shaft and a broad top. This top had seven steps and a central hemispherical receptacle for the fire or the fire container.

Date: generally dated to the Achaemenid period, possibly later.

Ref: Boyce 1982, pp. 130-131; Genito 1982, p. 219; Scerrato 1979, fig. 18, 19.

Khakriz (Kirmānshāh).

Top of an altar of pink sandstone, with four steps.

A shaft could be fitted in the hole in the middle.

Sides: ca. 75 cm. Thickness: 18 cm.

Date: Achaemenid or Sasanian?

Ref: Gaube 1980, p. 155 Abb. 2; Kleiss 1981, pp. 63-64; Vanden Berghe 1984, p. 515, footnote 15.

Pasargadae (Fārs).

Finds in the sacred precinct.

Two limestone plinths, situated at the western end of the enclosure called "the sacred precinct". Both are set on solid stone foundations.

"The southern plinth consists of a hollow stone block about 2.16 m. (..) high, and 2.43 m. (..) square at the base. This probably once had a three-tiered limestone cap, which was balanced at ground level by a highly-polished black limestone border. This border enclosed the plinth itself and a set of stone steps by which it could be ascended.
On the north side of this plinth, and a little distance away, was its companion, slightly lower and wider-2.10 m. (..) high with a base 2.80 m. (..) square. Its hollow central plinth was made of at least three stones, instead of one, but it too probably had a black limestone capping, although there is no trace of steps beside it". (Boyce 1982, p. 53).

It has been suggested that these platforms were used for the performance of a ritual like that depicted on the tomb reliefs of the Achaemenid kings. The king would have stood on the southern podium, facing a fire altar placed on the northern podium.

Ref: Boyce 1982, pp. 53-54; de Francovich 1966, pp. 205-206; Stronach 1965, 1978, pp. 138 ff.; Trümpelmann 1977; Yamamoto 1979.

Pasargadae (Fārs).

Ca. 2 km south of Cyrus' tomb.

Fragment of a three-stepped altar-top with a deep (fire) bowl.

Side: max. 54 cm.

A three-stepped base was found ca. 300 m from Cyrus' tomb, which may belong to the same altar.

Ref: Luschey-Schmeisser 1983, pp. 278-279; Stronach 1978, p. 141, fig. 72; Trümpelmann 1977, pp. 10-11.

Pasargadae (Fārs).

Tang-i Bulaghi area.

Stone base of an altar, with three steps.

Ref: Stronach 1978 p. 141, fig. 72.

RELIEFS

Erghili (ancient Daskyleion) north-western Turkey.

now in Istanbul Museum.

Fragment of a relief. Two men (priests) in "Median" dress and a *barsom* in their hands stand before a structure that may represent an altar, although it is also described as the portal of a tomb. Beside them are the heads of an ox and a ram lying on a pile of wood.

Date: probably Achaemenid period.

Ref: Boyce 1975b, p. 457 footnote 20; Boyce 1982, pp. 117-118; Calmeyer 1978, pp. 80 ff.; Gropp 1969, p. 166; Macridy 1913, pp. 348-352.

Naqsh-i Rustam (Fārs).

Tomb I, Darius I, 522-486 B.C.

The relief shows a large dais, supported by thirty representatives of the nations of the empire. On top of the dais, the king stands on a three-stepped podium facing a fire altar. Above the king and the altar the symbol of a man in winged ring is depicted, behind the altar a disk with inscribed crescent. Schmidt (1970, p. 84) about the altar: "Remnants of the shaft suggest that it was treated in the same fashion as the better-preserved altar shaft on the later tombs, where a central panel is framed by two projecting bands ... The altar top is an inverted three-stepped pyramid of the same dimensions as the base. The sacred fire burning on the altar is shown as a parabolical mass of gently undulating flames".

The figure of the king is 2.70 m. high.

Tomb II, Xerxes, 486-465 B.C.

Relief as on tomb I, with small differences. Schmidt 1970, p. 92: "The fire altar suggests the form of the damaged altar on Tomb I, but instead of a mass of flames (..) the later altar shows three tiers of clearly defined tongues of flame, the tips of the bottom row lapping toward the right and the rest toward the left".

Tomb III, Artaxerxes I (?), 465-424 B.C.

Relief as on tomb I, with small differences. Schmidt 1970, p. 95: "The fire altar (..) is not so high as that on Tombs I and II. The untidy appearance of the fire pattern may have been caused by erosion".

Tomb IV, Darius II (?), 423-404 B.C.
Relief as on tomb I, with small differences. Schmidt 1970, p. 98: "The pattern of the flames on the altar appears to resemble most closely that on Tomb I (..) though it is possible that the fire on the altar of Tomb III (..) was originally pictured in similar fashion".

Persepolis (Fārs).

Tomb V, Artaxerxes II (?), 404-359 B.C.
Relief as on tomb I, with small differences. Schmidt 1970, p. 100: "The altar is exceptionally well-preserved and, as usual, has a three-stepped pyramidal base, a shaft with a double frame, and an inverted three-stepped top. The fire is close in shape to the fires of Tombs I, IV and VI, but the delicately engraved pattern of flames differs from the fire patterns of all the other tombs. A vertical line, presumably intentional, marks the center of the fire cone. The tips of the tiers of flames lap toward the left on the left side of this line and toward the right on the right side".

Tomb VI, Artaxerxes III (?), 359-338 B.C.
Relief as on tomb I, with small differences. Schmidt 1970, p. 106: "The fire on the altar is similar to that on Tomb V as to form and delicateness of pattern, but the flames are not arrayed in regular tiers and there is no center line (..). The flames on the right side lap toward the right, but the pattern on the left side of the fire cone is uncertain because of abrasion".

Tomb VII, unfinished.
Schmidt 1970, p. 107: "The altar has the usual shape, but the fire cone is blank, without the pattern of lapping flames".

Ref: Kleiss & Calmeyer 1975, pp. 88-91; Schmidt 1970 pp. 84 ff.

SEALS AND SEAL IMPRESSIONS

Persepolis, "Treasury" (Fārs) PT3 363, PT3 373, PT3 384, PT3 385, PT3 408, PT4 5 (Fig. 1)

Impressions of seal no. 20. Schmidt 1957, seal of Datam(es), no. 20: "Two priests flanking fire altar and table with mortar and pestle

below winged disk symbol; inscription". The men are dressed in "Median" clothes (trousers, coat and headdress, probably a bashlyk). One of them holds two sticks, the ends of which touch the fire; the other man is holding a staff and *haoma* or a *barsom*. The fire altar: "Inverted pyramidal, three-stepped top; shaft formed of three vertical lines; base mostly missing, perhaps pyramidal. Fire altar on top marked by five flames". (Schmidt 1957) The winged disk symbol is depicted above the scene.
Ref: Schmidt 1957, p. 26, pl. 7.

---

private collection

Two men in "Median" clothes, probably priests, performing a ritual at a fire altar. Their mouths seem to be covered by parts of their caps. The man to the right holds a stick, the end of which touches the fire. The other man holds a long *barsom*. The fire is burning on an altar with a two-stepped base, a low shaft with inlaid panel and a three-stepped top. A winged disk symbol is depicted above the scene.
Ref: Moorey 1979, fig. 3C.

Babylon, Iraq.

now in the British Museum, London (no. 128849).
Stamp seal. Two men in "Persian" clothes and wearing high cylindrical hats, are facing a fire altar with a two-stepped top and base and a shaft with vertical lines or long panels. The man to the right holds a flower in his left hand and raises his right hand towards the fire; the other man perhaps carries a bowl. The winged disk symbol is depicted above the fire.
Ref: Moorey 1979, fig. 3A; Yamamoto 1979, pl. 10.

Bibliothèque Nationale, Paris, no. 400.

Cylinder seal, white agate. Two men in "Persian" clothes wearing dentate tiaras stand on either side of a fire altar. Both raise one hand, palm inwards. The man on the right side points two sticks towards the fire, burning on an altar with three-stepped top and base and a thin shaft with a vertical line. The fire has a triangular shape. A man in a winged circle, and a crescent are depicted above.
Height 2.5 cm.; diam. 1.2 cm.
Ref: Moorey 1979, fig. 2D; Yamamoto 1979, pl. 11.

Walters Art Gallery, Baltimore, no. 42.445.

Cylinderseal, agate, showing a composite scene. A human-headed bird is carrying a *barsom* towards a round fire with a circle of flames, burning on an altar. The altar has a two-stepped base, a three-stepped top and a slender shaft.

According to Moorey it was possibly made in Babylonia.

Ref: Gordon 1939, p. 32, no. 108; Moorey 1978, p. 149. Yamamoto 1979, pl. 13.

Persepolis Treasury (Fārs) PT5 791.

Impression of a cylinder seal. Deity seated in front of an altar. Schmidt 1957, p. 45: "Altar: irregular pyramidal base of three horizontal lines with drill circles; shaft of two vertical lines; inverted pyramidal top of three horizontal lines. Offering is problematical object marked by three irregular semicircles with central dot (drilled); outer semicircle is serrate".

Date: Achaemenid (Moorey 1978); Assyrian according to Yamamoto 1979 and Schmidt 1957.

Ref: Moorey 1978, p. 149, footnote 86; Schmidt 1957; Yamamoto 1979 pl. 22.

Oriental Institute, Chicago

Two men in "Median" clothes facing a fire altar. They seem to hold cups or bowls in their hands. The triangular fire is burning on an altar with a large, three-stepped top, a low shaft and a simple, rectangular base.

Ref: Moorey 1979, fig. 3D.

Hermitage, Leningrad.

Cone seal. Fire altar flanked by two men in "Persian" clothes and crown-like headdresses, who raise their hands towards the fire. The large flames are burning in a wide bowl (?) on an altar with broad, two-stepped top and a high shaft with a bulge in the middle. The shape of the base is not clear.

Ref: Ward 1908, p. 379, fig. 26; Yamamoto 1979, pl. 12.

British Museum, London, no. 89528.

Cylinder seal. Two men in "Median" clothes on either side of a fire altar. The man to the right is probably holding a *barsom*. A large

fire is burning on the small altar with two-stepped top and low, rectangular base.
Ref: Yamamoto 1979, pl. 7.

Bibliothèque Nationale, Paris, no. 401 (Fig. 2).

Cylinder seal, chalcedony. Altar, flanked by two men in "Persian" clothes, wearing fluted, cylindrical headdresses. They are carrying a bow, raise their right hands and hold a flower in their left hands. The altar consists of a large, rectangular plinth with panels, on top of which is an ornament shaped like stepped battlements. A thin, rod-like object appears between the "battlements". A man in a winged disk is depicted above the scene.
Height: 3.1 cm.; diam. 1.2 cm.
Ref: Delaporte, 1910 pl. XXVII, 401; Lecoq 1984, fig. 26; Yamamoto 1979, pp. 30-31.

Museum of Fine Arts, Boston

Cylinder seal. Similar to seal no. 401 in the Bibliothèque Nationale, Paris. In this example, however, there is no man in the winged disk.
Height: ca. 3 cm.?
Ref: Yamamoto 1979, pl. 3; Moorey 1979, fig. 2B.

Persepolis Treasury, (Fārs) PT6 100.

Impression in clay of seal no. 57, unclear.
Altar, flanked by two men. The altar has a high plinth with panels and two corner projections which are like battlements.
Ref: Schmidt 1957, pl. 13; Yamamoto 1979, pl. 4.

Persepolis Treasury, (Fārs) PT4 706.

Clay label of seal no. 22. Two men in "Persian" clothes at altar, man in a winged disk above. Schmidt 1957, p. 27: "Persians.-.. Long square-tipped beard, hair bunched at back of neck. Fluted tiara; candys with wide sleeves. Right arm raised, hand with palm upward in gesture of worship; left hand holds symbol which may be three-lobed blossom". Altar: "Shaft marked by vertical lines; flat top, from which rises at either side a triangular process with terraced(?) inner edge; crescent or angle open at top in center, disk above it".
Ref.: Schmidt 1957, p. 27, pl. 7; Yamamoto 1979, pl. 5.

Persepolis Treasury, (Fārs) PT4 343, PT4 704, PT4 847.

Clay labels of seal no. 23. Altar flanked by two men, winged disk symbol above. The man to the left of the altar is wearing "Persian" clothes (candys with wide sleeves, dentate tiara), and is holding "handle of pitcher with concave cylindrical neck, from which rises lateral tube spout (or second handle) at opposite side above oblong body". (Schmidt 1957) The man to the right is called by Schmidt a "Susian". The altar: "Bifurcate top with terraced inner edges; one vertical line... rises from interior... Altar top rests on slightly narrower shaft; base missing" (Schmidt 1957, p. 27).

Ref: Schmidt 1957 p. 27.

Museum of Anatolian Civilizations, Ankara

Altar, flanked by two men who are kneeling on winged, human-headed lions. Above the altar a man in a winged ring is depicted. The two men are wearing "Persian" clothes and fluted headdresses and may be holding flowers in their hands. The altar has a large, bifurcate top, a rather small shaft and a two-stepped base. It stands on a circle in which the upper part of a man is depicted, possibly also holding a flower.

Ref: Moorey 1979, fig. 2A.

Egypt

Ashmolean Museum, Oxford, no. 1892-1416.

Cylinder seal, black limestone. Altar, flanked by two men wearing long robes and bashlyks (?) and holding circular objects (loops?). The altar has two large "horns", between which lies a small animal. The shaft of the altar is fluted and rests on a two-stepped base.

Size: 3,4 × 1,3 cm.

Ref: Moorey 1979 p. 221, fig. 3B; Yamamoto 1979 p. 35, pl. 28.

SELEUCID AND PARTHIAN PERIODS

SEALS, SEAL-IMPRESSIONS, COINS

Persepolis Treasury (Fārs)

Impression of cylinder seal PT6 699. Man on a horse approaching an altar. The altar has a large, rectangular plinth with three vertical panels and a bifurcate top.

Date: according to Stronach: 2nd cent. B.C.

Ref: Schmidt 1957, pl. 15; Stronach 1966, p. 222; Yamamoto 1979, pl. 18.

...

Silver coins (tetradrachms, drachms and small denominations) of the "Frataraka-rulers" of Persis.

First series: Baydād, Ardaxšīr I, Vahbarz, Vādfradād I (Fig. 4).

The reverse of most of the coins show the ruler, standing before a building-like object, and a banner to the right. The king has his right hand or both hands raised. Naster (1970, pp. 126-127) says about the object: "... on the front, between two strong door-posts, is depicted a double door, each leaf being divided in four panels; on the top a row of rounded dentils that could seem to be the front part of joists of timber-work; on the flat terrace-surface three square objects with a niche-like design in front over a slightly thicker and broader topline on which there are two outward curved horns".

On the coins of Vādfradād the king is sometimes shown holding a bow in his left hand, which rests on his foot.

The symbol of a man in a winged circle appears above the scene.

Date: 1st half of second cent. B.C.? (Alram 1986).

Ref: Alram 1986, nos. 511-543; Naster 1970, 1972; Sellwood 1983.

...

Coins of the "Frataraka-rulers" of Persis.

Second series, first group: Vādfradād I, Vādfradād II (?), unknown king (Fig. 5).

Reverse as described above, with some differences. The three elements with "horns" are replaced by two corner battlements that are sometimes stepped. The front of the structure is simplified and

shows fewer details: the surface between the posts is simple, niche-like, or it still has a kind of double-door design, which is threefold panneled. The ruler is being crowned by a Nike. On the coins of Vādfradād II (?) a bird is for the first time depicted sitting on the banner.
Date: 2nd half of the 2nd cent. B.C.? (Alram 1986).
Ref: Alram 1986 nos. 544-553.

Second series, second group: Dārēv I, Vādfradād III (Fig. 6).
Reverse as described above, with some differences. The banner is replaced by a rectangle, possibly a column, a bird sits on the top of it. The structure itself becomes simpler. Naster, p. 128: "The number of steps of the battlement (four at the beginning) is falling down to three, two, one with the outer line protruding, or the element is simplified to curved horns or only a line; ...". The front is divided into rectangles by two vertical lines. The man in the winged disk is sinking down between the battlement-elements; his wings are no longer horizontal but sloping.
Date: end of 2nd cent., first part of 1st cent. B.C.? (Alram 1986).
Ref: Alram 1986, nos 554-563; Naster 1970, 1972; Sellwood 1983.

...

Third series of coins of the "Fratarakā-rulers", Dārēv II, Ardaxšīr II, Vahšīr.
The reverse shows the ruler, standing in front of a fire altar.
The altar has a two-stepped top and base, and a thin shaft.
The ruler is holding a *barsom* in his hand (Naster 1970 p. 126) or a sword (Sellwood 1983 p. 304).
Date: 2nd quarter of 1st cent. B.C. and later (?) (Alram 1986).
Ref: Alram 1986, nos 564-585; Naster 1970, 1972; Sellwood 1983.

ABBREVIATIONS

AION	Annali Istituto Orientale di Napoli
AMI, NF	Archäologische Mitteilungen aus Iran, Neue Folge
CHI	Cambridge History of Iran
JAOS	Journal of the American Oriental Society
JNES	Journal of Near Eastern Studies

BIBLIOGRAPHY

ALRAM, M., 1986: *Nomina Propria in Nummis* (Iranisches Personennamenbuch IV). 2 vols., Vienna.

BITTEL, K., 1952: Ein persischer Feueraltar aus Kappadokien, in: *Satura*, Otto Weinrich Festschrift, ed. K. F. STROHEKER, Baden-Baden, pp. 15-29.

BOYCE, M., 1975a: *A History of Zoroastrianism*. (Handbuch der Orientalistik 1, 8, 2), vol. 1, *The early period*, Leiden/Köln.

BOYCE, M., 1975b: On the Zoroastrian Temple cult of Fire, *JAOS*, vol. 95, pp. 454-465.

BOYCE, M., 1982: *A History of Zoroastrianism*, (Handbuch der Orientalistik 1, 8, 2), vol. 2, *Under the Achaemenians*, Leiden/Köln.

CALMEYER, P., 1978: Das Grabrelief von Ravansar, *AMI* NF, Bd. 11, pp. 73-85.

CALMEYER, P., 1979: Zu den Eisen-Lanzenspitzen und der "Lanze des Ḫaldi", in: KLEISS, W., *Bastam I*, Berlin, pp. 183-193.

Cambridge History of Iran, 1983: *The Seleucid, Parthian and Sasanian periods*, ed. YARSHATER, E., vol. 3,1 and 3,2, Cambridge.

Cambridge History of Iran, 1985: *The Median and Achaemenian periods*, ed. GERSHEVITCH, I., vol. 2, Cambridge.

DELAPORTE, L., 1910: *Catalogue des cylindres orientaux et des cachets assyro-babyloniens, perses et syro-cappadociens de la Bibliothèque Nationale*, Paris.

DE FRANCOVICH, G., 1966: *Problems of Achaemenid Architecture*, East & West, vol. 16, pp. 201-260.

FRANKFORT, H., 1970: *The Art and Architecture of the Ancient Orient*, Harmondsworth.

GARBINI, G., 1958: The stepped pinnacle in ancient Near East, *East & West*, vol. 9, pp. 85-91.

GAUBE, H., 1980: Im Hinterland von Sīraf, *AMI* NF, Bd. 13, pp. 149-166.

GENITO, B., 1982: Hearths of the Iranian Area: A Typological Analysis, *AION* vol. 42,2, pp. 195-245.

GENITO, B., 1987: Altari a gradini nell'Iran antico, in: *Orientalia Iosephi Tucci Memoriae Dicata*, Serie Orientale Roma LVI,2, ed. GNOLI, G. & LANCIOTTI, L., Rome, pp. 475-486.

GOLDMAN, B., 1965: Persian Fire Temples or Tombs?, *JNES*, vol. XXIV, pp. 305-308.

GOLDMAN, B., 1966: *The Sacred Portal, A Primary Symbol in Ancient Judaic Art*, Detroit.

GORDON, C. H., 1939: Western Asiatic Seals in the Walters Art Gallery, *Iraq* vol. VI, pp. 3-34.

GROPP, G., 1969: Die Funktion des Feuertempels der Zoroastrier, *AMI* NF, Bd. 2, pp. 147-175.

HASTINGS, J. (ed.), 1908: *Encyclopaedia of Religion and Ethics*, vol. 1, Edinburgh.

KHLOPIN, I. N., 1977: Spuren des Feuerkultus in Urartu, *Orientalia Lovaniensia Periodica*, vol. 8, pp. 57-62.

KLEISS, W., 1981: Bemerkungen zu achaemenidischen Feueraltären, *AMI* NF, Bd. 14, pp. 61-64.

KLEISS, W. & CALMEYER, C., 1975: Das unvollendete achaemenidische Felsgrab bei Persepolis, *AMI* NF, Bd. 8, pp. 81-98.

LECOQ, P., 1984: Un problème de religion achéménide: Ahura Mazda ou Xvarnah?, *Acta Iranica*, 23, pp. 301-326.

LUSCHEY-SCHMEISSER, I., 1983: Nachleben und Wiederaufnahme achämenidischer Elemente in der späteren Kunst Irans, in: KOCH, H. & MACKENZIE, D. N., *Kunst, Kultur und Geschichte der Achämenidenzeit und ihr Fortleben*, (*AMI* Erg. band 10), Berlin, pp. 267-288.

MACRIDY, Th., 1913: Reliefs gréco-perses de la région de Dascylion, *Bulletin de Correspondance Hellénique* XXXVII, pp. 340-358.

MOOREY, P. R. S., 1978: The Iconography of an Achaemenid Stamp-seal acquired in the Lebanon, *Iran*, vol. XVI, pp. 143-154.

MOOREY, P. R. S., 1979: Aspects of Worship and Ritual on Achaemenid Seals, *Akten des VII. Internationalen Kongresses für Iranische Kunst und Archäologie, München 1976*, (*AMI* Erg. band 6), Berlin, pp. 218-226.

NASTER, P., 1970: Fire-altar or Fire-tower on the Coins of Persis?, *Orientalia Lovaniensis*, vol. I, pp. 125-129.

NASTER, P., 1972: Monnaies et sceaux de Perside, *The Memorial Volume of the Vth International Congress of Iranian Art and Archaeology, Tehran 1968*, vol. 1, pp. 303-308.

ROOT, M. C., 1979: *The King and Kingship in Achaemenid Art*, *Acta Iranica*, 19, Leiden.

SANCISI-WEERDENBURG, H., 1983: The Zendan and the Ka'bah, in: KOCH, H. & MACKENZIE, D. N., *Kunst, Kultur und Geschichte der Achämenidenzeit und ihr Fortleben*, (*AMI* Erg. Bd. 10), Berlin, pp. 145-151.

SARIANIDI, V. I., 1977: Bactrian Centre of Ancient Art, *Mesopotamia* XII, pp. 97-110.

SCERRATO, U., 1966: Excavations at Dahan-i Ghulaman (Seistan-Iran), First Preliminary Report (1962-1963), *East & West*, vol. XVI, pp. 9-30.

SCERRATO, U., 1979: Religious life at Dahan-e Ghulaman, in: *South Asian Archaeology 1977*. (ed. M. TADDEI) Napels, pp. 709-735.

SCHIPPMANN, K., 1971: *Die Iranischen Feuerheiligtümer*, Berlin, New York.

SCHMIDT, E. F., 1957: *Persepolis, II*, Contents of the treasury and other discoveries, Chicago.

SCHMIDT, E. F., 1970: *Persepolis, III*, The royal tombs and other monuments, Chicago.

SELLWOOD, D., 1983: Minor States in Southern Iran, *CHI* 3 (1), pp. 299-321.

SHAHBAZI, Sh., 1974: An Achaemenid Symbol: I. A Farewell to "Fravahr" and "Ahuramazda", *AMI* NF, Bd. 7, pp. 135-144.

SHAHBAZI, Sh., 1980: An Achaemenid Symbol: II. Farnah "(God given) Fortune" Symbolised, *AMI* NF, Bd. 13, pp. 119-148.

STRONACH, D., 1965: Excavations at Pasargadae: Third Preliminary Report, *Iran*, vol. III, pp. 9-40.

STRONACH, D., 1966: The Kūh-i Shahrak Fire Altar, *JNES* vol. XXV, pp. 217-227.

STRONACH, D., 1978: *Pasargadae*. A report on the excavations conducted by the British Institute of Persian studies from 1961 to 1963, Oxford.

STRONACH, D., 1984: Notes on Religion in Iran in the 7th and 6th centuries B.C., *Acta Iranica*, 23, pp. 479-490.

STRONACH, D., 1985a: Tepe Nūsh-i Jān: The Median Settlement, *CHI* vol. 2, pp. 832-837.

STRONACH, D., 1985b: On the evolution of the early Iranian fire temple, *Acta Iranica*, 25, vol. II, pp. 605-627.

TILIA, A. B., 1969: Reconstruction of the Parapet on the Terrace Wall at Persepolis, South and West of Palace H, *East & West*, vol. 19, pp. 9-43.

TRELL, B. L., 1970: Architectura Numismatica Orientalis. A Short Guide to the Numismatic Formulae of Roman Syrian Die-makers. *Numismatic Chronicle* vol. X, pp. 29-50.

TRÜMPELMANN, L., 1977: Das Heiligtum von Pasargadae, *Studia Iranica* VI, pp. 7-16.

VANDEN BERGHE, L., 1984: L'autel du feu de Qanāt-i Bāgh, *Acta Iranica*, 23, pp. 511-518.

WARD, W. H., 1908: The Cylinder and Cone Seals in the Museum of the Hermitage, St. Petersburg, in: *Old Testament and Semitic Studies in Memory of William Rainey Harper*, ed. R. F. HARPER (e.a.), vol. I, Chicago, pp. 359-380.

WIESEHÖFER, J., 1988: Beobachtungen zu den religiösen Verhältnissen in der Persis in frühhellenistischer Zeit, in press.

YAMAMOTO, Y., 1979: The Zoroastrian Temple Cult of Fire in Archaeology and Literature, I, *Orient*, vol. XV, pp. 19-53.

DER SONNENGOTT
IM PANTHEON DER ACHÄMENIDEN

VON

Bruno JACOBS

1. *Cicero, de divinatione I 23, 46:*

Soll ich ferner aus den Persica des Dinon berichten, was die Magier jenem König Cyrus weissagten? Denn weil ihm im Schlaf die Sonne zu Füßen erschien, soll er sich, schreibt Dinon, dreimal vergeblich bemüht haben, sie mit Händen zu greifen, die Sonne aber sei ihm, sich herumrollend, entglitten und verschwunden; die Magier, die in Persien als der Stand der Weisen und Gelehrten gelten, hätten ihm gesagt, Cyrus' dreimaliges Greifen nach der Sonne prophezeihe, daß er dreißig Jahre lang herrschen werde. Und so geschah es, denn er gelangte bis ins 70. Lebensjahr, nachdem er mit vierzig zu regieren begonnen hatte.

2. *Curtius Rufus III 3, 9-11. 15:*

9. Die Ordnung des Zuges aber war dergestalt. Ein Feuer, das sie selbst heilig und ewig nannten, wurde auf silbernen Altären vorangetragen. Die Magier in nächster Nähe sangen das Lied der Väter. 10. Den Magiern folgten 365 junge Männer, gekleidet in purpurne Obergewänder, an Zahl gleich den Tagen eines ganzen Jahres. Auch bei den Persern ist das Jahr ja in eben diese Anzahl von Tagen eingeteilt. 11. Dahinter zogen weiße Pferde den dem Jupiter geheiligten Wagen; diesen folgte ein Pferd von außerordentlicher Größe, das man das Pferd des Sol nannte; ... ... 15. ... diese (die Doryphoroi) schritten dem Wagen des Königs voraus, auf dem er selbst, deutlich hervorgehoben, gefahren wurde.

3. *Curtius Rufus IV 13, 12:*

Er selbst (Darius III.) ging mit seinen Führern und seinen Vertrauten bei den Abteilungen der unter Waffen Stehenden herum, rief Sol, Mithras und das ewige und heilige Feuer an, daß sie jenen eine Tapferkeit einhauchten, würdig ihres alten Ruhmes und der Erinnerung an die Vorfahren.

4. *Curtius Rufus IV 14, 24:*

(Darius III.:) Ich flehe bei euch, den Göttern der Väter, und dem ewigen Feuer, das mir auf Altären vorangetragen wird, beim Glanz der Sonne, die innerhalb der Grenzen meines Reiches aufgeht, beim ewigen Angedenken des Cyrus, der den Medern und Lydern die Herrschaft genommen und als erster in die Persis verbracht hat, rettet den Namen und das Volk der Perser vor der ärgsten Entehrung.

5. *Diogenes Laertius I 9:*

Ferner kritisierten diejenigen, die über die Magier geschrieben haben, Herodotus: Xerxes könne nämlich nicht Geschosse gegen die Sonne geschleudert und Fesseln ins Meer versenkt haben, da die Magier gelehrt hätten, daß sie Götter seien.

6. *Herodotus I 131:*

Sie (die Perser) pflegen aber auf die Gipfel der Berge zu steigen und Zeus Opfer darzubringen, wobei sie das ganze Himmelsrund Zeus nennen. Sie opfern aber dem Hēlios, der Sēlēnē, der Erde, dem Feuer, dem Wasser und den Winden.

7. *Herodotus I 138:*

Wer aber von den Bürgern Aussatz oder weißen Ausschlag hat, der kommt nicht in eine Stadt und verkehrt nicht mit den anderen Persern. Sie (die Perser) sagen aber, daß er dies erleide, weil er sich irgendwie gegen den Sonnengott vergangen habe.

8. *Herodotus III 84-86:*

84. Über die Königswürde beschlossen sie (die Verschwörer gegen Gaumāta) folgendes: Wessen Pferd nach Sonnenaufgang als erstes wiehere, wenn sie das Feld vor der Stadt erreicht hätten, der solle die Königswürde gewinnen. 85. Darius hatte einen klugen Pferdeknecht, der Oebares hieß; zu diesem Mann sagte er, nachdem sie (die Verschwörer) sich getrennt hatten, folgendes: »Oebares, es schien uns gut, hinsichtlich

der Königswürde folgendermaßen zu verfahren: Wir werden bei Sonnenaufgang aufsitzen, und es soll der die Königswürde gewinnen, dessen Pferd dann zuerst wiehert. ... 86. Mit Tagesanbruch waren die sechs, wie sie übereingekommen waren, zu Pferde anwesend; als sie aber das Feld vor der Stadt durchritten, ... da wieherte das Pferd des Darius... Als das Pferd dies tat, zuckte gleichzeitig ein Blitz herab mit einem Donnerschlag. ... Die anderen aber sprangen von ihren Pferden und huldigten dem Darius.

9. *Herodotus V 105:*

... nachdem er (Darius I.) es aber erfahren hatte (daß sich die Athener am ionischen Aufstand beteiligten), habe er einen Bogen gefordert, einen Pfeil genommen und daraufgelegt und hinauf zum Himmel gesandt, und, nachdem er in die Luft geschossen hatte, habe er gesagt: »Zeus, vergönne mir, mich an den Athenern zu rächen!«

10. *Herodotus VII 40:*

..., dahinter zehn heilige sogenannte nisäische Pferde, aufs schönste geschmückt. ... Im Anschluß an diese zehn Pferde war ein Wagen eingeordnet, der dem Zeus heilig war; diesen zogen acht weiße Pferde; hinter den Pferden wiederum folgte zu Fuß ein Wagenlenker, der die Zügel hielt, denn kein Mensch steigt in diese Wagenkanzel. Dahinter aber Xerxes selbst auf einem Wagen mit nisäischen Pferden; neben ihm her aber ging ein Wagenlenker — sein Name war Patiramphes, Sohn eines Persers namens Otanes.

11. *Herodotus VII 54:*

An diesem Tag bereitete man sich vor für den Übergang (über den Hellespont), am folgenden aber erwartete man den Sonnenaufgang, verbrannte Räucherwerk aller Art bei den Brücken und bestreute den Weg mit Myrtenzweigen. Als aber die Sonne aufging, libierte Xerxes aus einer goldenen Schale ins Meer und betete zur Sonne, es möge ihm kein solches Geschick widerfahren, das ihn in der Eroberung Europas behindere, bevor er an die Grenzen jenes Erdteils gelangt sei. Nachdem er gebetet hatte, warf er die Phiale in den Hellespont und einen goldenen Mischkrug und ein persisches Schwert, das man Akinakēs nennt. Ich kann nicht mit Bestimmtheit entscheiden, ob er diese Gegenstände als Opfer für Hēlios ins Meer versenkte oder ob es ihn reute, den Hellespont gegeißelt zu haben, und er das Meer um dessentwillen beschenkte.

12. *Justinus I 10, 3-5:*

3. Also fanden sie selbst (die Verschwörer gegen Gaumāta) einen Weg, bei dem sie das Urteil über sich ihrer religiösen Überzeugung und dem Schicksal anvertrauen konnten, 4. und sie kamen überein, daß sie alle an einem festgesetzten Tag ihre Pferde beim ersten Morgengrauen vor den Königspalast führen wollten, und es sollte der König sein, dessen Pferd bei Sonnenaufgang als erstes ein Wiehern hören ließe. 5. Denn die Perser glauben, daß auch die Sonne ein Gott sei, und meinen, daß eben diesem Gott die Pferde heilig seien.

13. *Justinus X 2, 2-4:*

2. Nachdem also Cyrus (d. J.) in jenem Bruderkrieg, von dem oben die Rede gewesen ist, gefallen war, hatte Artaxerxes (II.) die Aspasia, dessen Kebsweib, zur Frau genommen. 3. Diese, hatte Darius gefordert, solle ihm der Vater ebenso überlassen wie die Herrschaft. 4. Der hatte zwar zunächst in seiner Nachgiebigkeit gegenüber seinen Kindern gesagt, daß er dies tun werde, dann aber machte er sie aus Reue, damit er ehrenhaft weigern könne, was er unbesonnen versprochen hatte, zur Oberpriesterin des Sol, wodurch ihr dauerhafte Enthaltsamkeit von allen Männern vorgeschrieben war.

14. *Plutarchus, Vitae Parallelae - Alexander XXX 7-8:*

7. Als Darius (III.) dies gehört hatte, rissen ihn Erschütterung und Leid zu unziemlichen Verdächtigungen hin, und, indem er den Eunuchen tiefer ins Zelt führte, 8. sagte er: »Wenn du es nicht zusammen mit der Tyche der Perser mit den Makedonen hälst, sondern ich, Darius, noch dein Herr bin, sage mir in Scheu vor dem großen Licht des Mithras und der Rechten des Königs, ...«

15. *Plutarchus, Vitae Parallelae - Artoxerxes XXIX 12:*

Danach (nach der Bestrafung seines Sohnes Darius) sei er (Artaxerxes II.) in den Hof hinausgegangen, habe zu Hēlios gebetet und gesagt: »Seid froh, wenn ihr nun fortgeht, und sagt den anderen, daß der große Hōramazēs denjenigen, die Frevelhaftes und Gesetzwidriges im Sinne hatten, seine Strafe auferlegt hat.«

16. *Polyaenus VII 12, 15:*

Darius aber bestieg einen hohen Hügel, legte Kandys und Tiara um sein Szepter, band das Königsdiadem darum und steckte es in die Erde. Und er bat — denn es war Sonnenaufgang — den Apollōn, wenn es vorherbestimmt sei, daß die Perser gerettet würden, Wasser vom Himmel zu schicken. Der Gott erhörte ihn, und viel Regen stürzte herab.

17. *Strabo XV 3, 13:*

Die Perser nun errichten keine Standbilder und Altäre, sie opfern an einem hochgelegenen Ort im Glauben, daß der Himmel Zeus sei; sie verehren auch Hēlios, den sie Mithras nennen, und Sēlēnē und Aphroditē, das Feuer, die Erde, die Winde und das Wasser: ...

18. *Xenophon, Cyropaedia VIII 3, 11-13. 24:*

11. Nachdem die Pforten des Palastes aufgegangen waren, führte man zunächst prächtige Stiere heraus zu viert nebeneinander für Zeus und die von den anderen Göttern, die die Magier bedeutet hatten. ... 12. Hinter den Rindern führte man Pferde, Opfertiere für Hēlios; hinter diesen fuhr ein weißer Wagen mit goldenem Joch und mit Girlanden geschmückt heraus, dem Zeus heilig; dahinter ein weißer Wagen für Hēlios, auch dieser geschmückt wie der vorausgegangene; dahinter fuhr noch ein dritter Wagen heraus, die Pferde bedeckt mit purpurnen Decken, und hinter ihnen folgten Männer, die Feuer auf einer großen Eschara trugen. 13. Im Anschluß an diese erschien nunmehr Cyrus selbst auf einem Wagen in den Toren. ... 24. Als sie bei den Heiligtümern angekommen waren, opferten sie dem Zeus und verbrannten die Stiere ganz, anschließend dem Hēlios und verbrannten die Pferde: dann brachten sie der Erde Schlachtopfer dar, wie die Magier vorgeschrieben hatten, dann den Heroen, die Syrien schützen.

19. *Xenophon, Cyropaedia VIII 7, 2-3:*

2. Er (Cyrus III.) schlief aber im Palast und sah folgendes Traumge-

sicht: Es schien ihm eine Gestalt herzuzukommen, stärker als Menschennatur, und zu sprechen: »Mache dich bereit, Cyrus! Denn du sollst nunmehr zu den Göttern gehen«. Nachdem er dieses Traumbild gesehen hatte, wachte er auf, und es schien ihm fast gewiß, daß das Ende seines Lebens gekommen sei. 3. Sofort nahm er Opfertiere und opferte sie dem Zeus der Väter und Hēlios und den anderen Göttern auf erhöhten Plätzen, wie es die Perser tun, und betete so: »Zeus der Väter und Hēlios und ihr Götter alle ...«

In einem Artikel zu Fragen der Religion im alten Iran haben W. Nagel und der Verf.[1], ausgehend von drei antiken Beschreibungen festlicher Umzüge bei Curtius Rufus (III 3, 9 ff. [*Quelle 2*]), Herodotus (VII 40 [*10*]) und Xenophon (Cyr. VIII 3, 11 ff. [*18*]), das Hofpantheon der Achämeniden behandelt. Eine bevorzugte Stellung nehmen darin drei Götterwesen ein, die in der interpretatio Graeca *Zeus*, *Hēlios* und *Hestia* heißen. Diesen Gottheiten ist in der bei Xenophon beschriebenen Prozession jeweils ein Wagen mit Pferdebespannung geweiht, auch wenn Xenophon den göttlichen Passagier des letzten, des roten Wagens nicht namentlich erwähnt. Zeus ist gewiß mit Auramazdā gleichzusetzen, und in der Gottheit des dritten Wagens, in Hestia, dürfen wir einen Aspekt des Numens »Feuer«, eine Personifikation des Hausfeueraltars, erkennen.

Die erwähnten Prozessionen haben zu unterschiedlichen Zeiten und zu verschiedenen Anlässen stattgefunden. So berichtet Xenophon von einer Opferprozession, die Cyrus III. in Babylon abgehalten haben soll [*18*], Herodotus von einer Militärparade, die Xerxes I. inszenierte, als er aus Sardis gegen Griechenland abmarschierte [*10*], und Quintus Curtius Rufus vom Zug des Darius III. nach Issus [*2*].

Im Vordergrund dieser Untersuchung steht die Gottheit, der im Zug des Cyrus [*18*] der mittlere Wagen und eine Anzahl Opferpferde, im Zuge des Darius III. [*2*] ein großes Opferroß, in der Parade des Xerxes [*10*] vermutlich die Pferdekoppel zugedacht ist. Die klassischen Quellen nennen sie *Hēlios* resp. *Sol*; es handelt sich somit ganz offenbar um eine Sonnengottheit.

Schon diese wenigen Zeugnisse der antiken Literatur bringen also eine Götterwelt ins Spiel, von der die achämenidischen Inschriften kaum etwas ahnen lassen. Diese, sollte man erwarten, müßten unsere erste und

[1] Nagel/Jacobs, IA 24.

wichtigste Quelle sein; indes nennen sie außer Auramazdā, in dessen Gefolge sich jene anderen Gottheiten befunden haben müssen, zunächst gar keine weiteren Namen, und erst spät finden mit Mitra und Anāhita (*A^2Ha, A^2Hb, A^2Sa, A^2Sd, A^3Pa*) zwei weitere Gottheiten in den Texten Erwähnung. Die Kargheit der Auskünfte, die aus den altpersischen Quellen zu gewinnen sind, führt nun dazu, daß die klassische Überlieferung für die entsprechenden Aspekte der Religionsgeschichtsforschung überragende Bedeutung gewinnt.

In sassanidischer Zeit steht der Name *Mithras* bekanntlich auch für den Sonnengott[2]. Die Quellen zur Achämenidenzeit ergeben in dieser Hinsicht zunächst Widersprüchliches. So berichtet Strabo XV 3, 13 [*17*], daß die Perser die »Sonne« *Mithras* nennten. Ganz anders Curtius Rufus IV 13, 12 [*3*]: er läßt Darius III. nacheinander Sol, Mithras und das ewige und heilige Feuer um Beistand bitten; damit aber wird zwischen *Sol* und *Mithras* ganz offensichtlich geschieden.

Nun ist Mithras, avestisch *Mit̲rō*, ja ursprünglich nicht Sonnengott, sondern Schützer der Verträge, dies besagt sein Name, der »*Verbindlichkeit*« bedeutet. Gleichwohl vertritt er im Avesta auch die Sonne als Gestirn, wie dem Mihr-Yašt zu entnehmen ist (*Yašt X 13. 51. 136; vgl. auch Yašt VI*); die ursprüngliche Sonnengottheit ist ihm untergeordnet. Daß dies sich auch bei den Persern in Westiran ähnlich verhielt, zeigt eine Stelle bei Plutarchus (Plut., Alex. XXX 8 [*14*]): Darius III. läßt einen Eunuchen »*beim großen Licht des Mithras*« einen Schwur tun. Der Vertragsgott verkörpert sich also dem Wortlaut dieser Stelle zufolge in der Sonne[3]. Um die Bedeutung des Sonnengottes für die Religion der Achämeniden recht zu erfassen, sind demnach auch jene Quellen, die von Mithras sprechen, zu berücksichtigen, soweit sie von der Tendenz geprägt sind, beide Mächte zu identifizieren.

Des weiteren ist ein Beleg heranzuziehen, in dem nicht *Hēlios*, sondern *Apollōn* die interpretatio Graeca des Sonnengottes bildet[4]. Es handelt sich um eine Stelle bei Polyaenus (VII 11, 8 = 12, 5 [*16*]. Hier bittet Darius I. in auswegloser Situation Apollōn um Regen für seine und seines Heeres Rettung. Zu diesem Zweck wählt er den Moment des Sonnenaufgangs. Die Verknüpfung des Wunsches nach göttlichem Eingreifen mit

[2] Boyce, HdA Zoroastrianism I: 69 mit Anm. 316.
[3] Merkelbach, Mithras: 24.
[4] Dazu ausführlich Nagel/Jacobs, IA 24: 379ff.

eben diesem Zeitpunkt ist kein Einzelfall[5] und rechnet mit der tatkräftigen Unterstützung des göttlichen Gestirns. *Apollōn* meint also in der Polyaenus-Stelle in gleicher Weise den Sonnengott. Wirken und Bedeutung dieses Überirdischen werden durch eine ganze Anzahl von Quellen bezeugt:

Diogenes Laertius I 9 [*5*] belegt, daß die Sonne den Persern als eine Gottheit galt.

Herodotus I 131 [*6*] nennt sie unter den Göttern, denen die Perser Opfer bringen.

Herodotus I 138 [*7*] beschreibt sie aber auch als eine Macht, die Frevler straft.

Curtius Rufus IV 14, 24 [*4*] kennt sie als Garanten des Schlachtenglücks[6].

Von ihrer Bedeutung als Vertragsgottheit und Schützer der Eide, die sich aus ihrer Annäherung an Mithras ergibt, haben wir schon gesprochen [*14*].

Die Verehrung, die der Sonnengott gerade von seiten des Herrscherhauses genoß, vermag das Zeugnis der Justinus zu illustrieren (Just. X 2, 2-4 [*13*]). Er berichtet, daß eine Frau des Königs Artaxerxes II. zur Oberpriesterin des Sol bestellt wurde. Jene Passage bei Xenophon, die Zeus/Auramazdā und Hēlios nebeneinander nennt, scheint sogar für eine fast gleichberechtigte Stellung dieser beiden Mächte zu zeugen (Xen., Cyr. VIII 7, 3 [*19*]).

Die Wesensverschiedenheit jener beiden Götter, die ursprünglich gewiß gegeben war, hat sich dem Zeugnis einer ganzen Reihe von Textbelegen zufolge schon recht früh verwischt. Ganz deutlich wird dies bei Plutarchus, Artox. XXIX 12 [*15*]: Dort ruft Artaxerxes II. nach der Bestrafung seines Sohnes Darius Hēlios an, verkündet aber nach diesem Gebet, daß der große Hōramazēs (Auramazdā) die Frevler bestraft habe. Hier scheinen beide Götter eine Adressengemeinschaft zu bilden.

Sowohl in ihrer Verehrung als auch in ihrem Wirken gibt es weitere Zeugnisse für die Verschmelzung beider Wesenheiten. Als sich Darius I.

[5] Vergleiche das Gottesurteil, das über die Thronbesteigung des Darius I. entscheidet: Her. III 84-86 [*8*]; Just. I 10, 3-5 [*12*]. Auch die Überschreitung des Hellesponts, mit der der Griechenlandfeldzug des Xerxes eigentlich begann, wurde durch ein Opfer bei Sonnenaufgang vorbereitet, durch das man sich des Wohlwollens des Sonnengottes versichern wollte: Her. VII 54 [*11*].

[6] In diesem Sinne ist wohl auch Herodotus VII 223 zu interpretieren: Am Morgen vor der Schlacht bei den Thermopylen bringt Xerxes bei Sonnenaufgang ein Trankopfer dar.

im Skythenlande in höchster Not an den Sonnengott wendet und ihn um Regen bittet, besteigt er einen Hügel (Polyaen. VII 12, 15 [*16*]), genau wie dies im Kult des Zeus/Auramazdā üblich war (Her. I 131 [*6*]). Ein weiteres Beispiel bildet das Pferdeorakel, das über das Königtum des Darius entscheidet (Her. III 84-86 [*10*]). Der Zeitpunkt des Sonnenaufgangs und die Rolle, die die Pferde in der Erzählung spielen, weisen auf die Bedeutung des Sonnengottes in der geschilderten Situation hin[7]. Andererseits wird, nachdem die Würfel gefallen sind, das Urteil zugunsten des Darius durch Blitz und Donner bestätigt, wodurch sicher nicht nur der griechische Berichterstatter das Mitwirken des Zeus in dieser wichtigen Entscheidung unterstellte. Den altpersischen Quellen zufolge kann denn auch kein Zweifel bestehen, daß die Perserkönige ihr Herrschertum dem Auramazdā, also »Zeus«, zu verdanken glaubten.

Außerdem führten wir bereits oben eine Stelle bei Diogenes Laertius (I 9 [*5*]) an, in welcher dieser Kritiker des Herodotus zitiert, die darauf hingewiesen haben, daß Xerxes keine Pfeile gegen die Sonne gesandt haben könne, weil sie ihm als Gott gelten mußte. Jene Kritiker bezogen sich dabei mit Sicherheit auf Herodotus V 105 [*9*]. Dort aber ist von *Zeus* die Rede. Jenen Autoren müssen »*Zeus*« und »*Hēlios*« als Bezeichnungen achämenidischer Gottheiten wie Synonyme geklungen haben.

Letztlich ist die berühmte Stelle bei Cicero, de divinatione I 23, 46 [*1*], heranzuziehen. Daß die Sonne, die sich hier dem Zugriff des Cyrus III. entzieht, nicht das k̲ᵛarĕnah- ist, wie Nyberg einst angenommen hat[8], habe ich kürzlich darzulegen versucht[9]. Dem Dinon-Zitat bei Cicero ist aber mit Sicherheit zu entnehmen, daß zwischen dem Verhalten der Sonne und der Regierungsdauer des Königs ein Zusammenhang gesehen wurde. Wiederum also wäre hier der Sonnengott als Garant der Herrschaft in die Rolle des Zeus/Auramazdā geschlüpft.

In dem gesamten Zeitraum, den unsere Quellen von Herodotus bis zum Ende der Achämenidenherrschaft belegen, fassen wir also eine Entwicklung, die durch das Vordringen des Gottes Mithras gekennzeichnet ist. Auf diesem Siegeszug verschlingt er gleichsam den alten Sonnengott und nimmt selbst dessen Stelle ein. Unter Artaxerxes II. erscheint sein Name denn auch folgerichtig in den Achämenideninschriften. Sein Sieg über den Sonnengott gelang deshalb, weil dieser neben dem Hauptgott des Achä-

[7] Vgl. Merkelbach, Mithras: 36.
[8] Nyberg, Religion Iran: 74.
[9] Jacobs, MDOG 119: 227.

menidenhauses stark an Bedeutung verloren hatte. Seine Macht war nach und nach im Wirken des Auramazdā aufgegangen, und seine ursprünglichen Eigenschaften sind kaum noch auszumachen.

So viel zunächst zu den Quellen. Kürzlich wurden zwei Versuche unternommen, die Benennung des Mannes im Flügelring als Auramazdā zu rehabilitieren[10]. Damit aber ist seine Deutung vermutlich nicht erschöpft. Deshalb soll das vieldiskutierte Symbol hier noch etwas eingehender ins Auge gefaßt werden.

Ursprünglich stammt es aus Ägypten und wandert über Syrien nach Vorderasien ein, wo es in der Kerkuk-Glyptik begegnet, dies noch in der 1. Hälfte des 2. Jahrtausends v. Chr. Später begegnet es bei den Assyrern; diese vermitteln es den Urartäern. Es findet sich aber auch bereits bei den Hethitern der Großreichszeit. Die wohl bedeutendste Rolle seiner Geschichte spielt es schließlich bei den Persern. Von ihnen strahlt es wiederum nach Kleinasien aus und findet sich im 4. Jahrhundert v. Chr. auf kilikischen Münzen[11]. Die vor den Arabern geflohenen Parsen bewahren das Symbol bis heute und setzen es mit dem unsterblichen Teil des Menschen gleich, dem *fravahr*, und, so verstanden, ziert es noch heute die Grabsteine.

Während des größten Teils seiner Geschichte stand das Symbol aber nach heutiger Auffassung für die Sonnengottheit[12]. Bei den Assyrern vertrat es demgemäß den Gott Šamaš[13].

Wenn der Mann in der Flügelsonne bei den Persern allein für Auramazdā stünde, hieße dies, daß die Achämeniden das Sonnensymbol lediglich übernommen hätten, um mit seiner eindrucksvollen Glyphe den Hauptgott ihres Pantheons zu kennzeichnen. Seine eigentliche Bedeutung hätte es eingebüßt. Diese Annahme ist jedoch nur dann notwendig, wenn man davon ausgeht, daß das Zeichen, unabhängig davon, ob es mit einer menschlichen Halbfigur verbunden war oder nicht, stets inhaltsgleich blieb[14].

In der Tat ist zwischen der Verwendung der Flügelsonne allein und ihrer Abbildung in Verbindung mit der menschengestaltigen Protome in

[10] Lecoq, AcIr 23; Jacobs, MDOG 119.

[11] London, British Museum, Stater des Tiribazus aus Issus: Hill, Cat Coins Lycaonia: 90 Pl. XV, 3; 164 Pl. XXIX, 1; Starr, IA 12: Pl. XV f.

[12] Mayer-Opificius, Festschr Thimme: 19; dies., UF 16.

[13] Pering, AfO 8: 287 ff.; Unger, Belleten 29: 463 ff.

[14] Lecoq, AcIr 23: 326.

der persischen Kunst selten geschieden worden. Eine der Ausnahmen bildet H.-P. L'Orange, der der Darstellung an den Fassaden der Königsgräber von Naqš-i Rustam (*Abb. 1*) einen astralsymbolischen Gehalt ablesen wollte[15]. Er interpretierte die Szene so: »He (der König) stands turning towards the Sun and the Moon, both pictured in front of him in the direction of the moving throne: the Sun as a winged solar disc joined to the bust of Ahuramazda, and the Moon as the disc of the full Moon, with the crescent of the new Moon inlaid«.

Einen zweiten Versuch, hier zu differenzieren, unternahm A. Sh. Shahbazi. Er schied ein *k̲ᵛarĕnah- der arischen Länder*, dargestellt durch die Flügelscheibe, und ein *persönliches* der Könige, repräsentiert durch die Halbfigur im Flügelring[16]. Wenn man auch nicht bereit ist, der eigentlichen Deutung Shahbazis zu folgen, so wird man doch mit ihm in Zweifel ziehen müssen, daß beide Symbole inhaltsgleich seien.

Um hier über reine Spekulationen hinauszukommen, müssen die genannten und eine Anzahl weiterer Symbolgestalten in die Untersuchung einbezogen werden. Wir beschränken uns dabei jedoch auf Mond und Sonnenscheibe und die mit ihnen verbundenen anthropomorphen Halbfiguren. Aus der Verbindung von Flügelsonne und anthropomorpher Halbfigur ergibt sich eben jene meist als Auramazdā interpretierte Gestalt (*Abb. 1, 5-9*)[17]. Seltener wird jener menschengestaltige Oberkörper von vier Flügeln getragen, zu denen, wie bei der Sonnenscheibe, eine Art Schwanzfittich tritt. Die so beschriebene Kombination begegnet etwa am Grab von Kizkapan[18] und wurde ebenso in der Kleinkunst zu verschiedenen Malen gestaltet (*Abb. 2, 3*)[19].

Von ihr wiederum zu trennen ist eine recht zahlreich belegte Form, bei der der Oberkörper eines Mannes einem Kreis eingeschrieben ist, der an seinem unteren Rand in aller Regel eine mondsichelförmige Verdickung zeigt (*Abb. 4, 5*)[20].

[15] L'Orange, Cosmic King: 84.

[16] Shahbazi, AMINF 13: 121 ff. 136 ff.

[17] Lecoq, AcIr 23: Pl. XXVIII ff. Fig. 3. 14-15. 23-26. 29. 35-40.

[18] Edmonds, Iraq 1: 183 ff. Fig. 2. 3.

[19] Goldplättchen aus dem Oxus-Schatz: Dalton, Treasure of Oxus: Pl. XXI 35; Münze aus dem Nāblus-Hort: Starr, IA 12: Pl. XVI b; Gewandbesatz aus einem Grab in Sardis in Istanbul, Museum: Lecoq, AcIr 23: Pl. XXXV Fig. 18; Ghirshman, Iran: Abb. 558.

[20] Rollsiegel in London, British Museum 89 852: Wiseman, Götter im Rollsiegel: 102; Gewandschmuck, angeblich aus Hamadān, in Teherān, Archäologisches Museum:

Diese Typologie, Sonnenscheibe mit Schwingen, Mann im Flügelring, Oberkörper mit vier Flügeln und Schwanzfittich und Oberkörper in einem Kreis, deckt sich exakt mit jener, die H. J. Kantor vor 30 Jahren erstellte; unsere Deutung weicht dagegen völlig von der ihren ab[21]. Kantor glaubte nämlich, daß alle jene Symbole, die eine menschliche Halbfigur zeigen, untereinander austauschbar gewesen seien und daß ihnen so auch jeweils dieselbe Bedeutung zugekommen sein müsse. Die genannten Zeichen können nun aber auf den Bilddenkmälern in verschiedener Weise kombiniert werden. So erscheint die Flügelsonne, ausgestattet mit Schwung- und Schwanzfedern, gemeinsam mit der vierfach geflügelten Protome auf einem Rollsiegel in Berlin (*Abb. 3*). Auf verschiedenen anderen Siegeln schwebt sie über dem Mann im Ring (*Abb. 4, 5*)[22].

Zu diesem gesellt sich bisweilen auch der Mann im Flügelring, so auf einem Rollsiegel im British Museum[23] und jenem in Ankara aus Gordium (*Abb. 6*). Der Mann im Kreis wird schließlich auch mit der vierflügeligen Gestalt kombiniert, nämlich auf den Ohrringen in Boston (*Abb. 2*) und New York[24]. In den leztgenannten Fällen, lägen, folgte man Kantor, jeweils Mehrfachdarstellungen des höchsten Gottes vor, eine wenig befriedigende Annahme.

Es stellt sich also erneut die Frage nach den Benennungen. Auf den Grabfassaden in Naqš-i Rustam ist regelmäßig der Mond dargestellt. Er erscheint als runde, leicht gewölbte Scheibe rechts oben in der Anbetungsszene[25]. An den Gräbern III und IV ist an einer niedrigen Reliefkante am unteren Rand der Rundung gut erkennbar, daß innerhalb der Scheibe eine Mondsichel abgesetzt war. Diese mag auch, vor allem an den übrigen Fassaden farblich kenntlich gewesen sein. Am Grab von Kizkapan ist nun genau über dem Eingang eine Kreisfläche durch eine Reliefierhebung

Ghirshman, Iran: Abb. 557; Lecoq, AcIr 23: Pl. XXXV Fig. 16; Gewandschmuck in Chicago, Oriental Institute A 28583: Kantor, JNES 16: Taf. VI A.

[21] Kantor, JNES 16: 14 ff.

[22] Zwei Rollsiegel in der Pierpont Morgan Library Collection: Porada, Pierpont Morgan: Nr. 817-818; Rollsiegel in der Sammlung Newell: Osten, Seals Newell: Nr. 457; Rollsiegel im British Museum 89 422: Wiseman, Götter im Rollsiegel: 101; weitere Abbildungen bei: Jamzadeh, IA 17: Pl. I a. b; Lecoq, AcIr 23: Pl. XXXVI ff. Fig. 19. 20. 23.

[23] Rollsiegel in London, British Museum 89 852: Wiseman, Götter im Rollsiegel: 102.

[24] Boston, Museum of Fine Arts; New York, Norbert Schimmel Collection: Settgast, Troja Amarna: Nr. 178.

[25] Schmidt E., Persepolis III: Pl. 40. 49. 57. 63. 70.

markiert, an deren unterem Rande ebenfalls die Mondsichel sichtbar wird[26]. Über ihr ist der Kreisfläche der Oberkörper eines Mannes eingeschrieben. So können wir diese Darstellung mit solchen verbinden, wie wir sie oben bereits zusammengestellt haben[27]. Auf allen jenen Denkmälern werden wir Mā, den Mond(gott), zu erkennen haben. In der beschriebenen Form begegnet er auch auf den genannten Prunkohrringen (*Abb. 2*)[28], zweimal versechsfacht, also vielleicht in Beziehung gesetzt zu den 12 Monaten des Jahres.

Ganz sicher ist der Mond auch auf all den Siegeln gemeint, auf denen die anthropomorphe Halbfigur scheinbar nur einem Kreis eingeschrieben ist (*Abb. 6*). Doch ist die Sichel am unteren Rande bei dem kleinen Format und der oft recht handwerklichen Ausführung der Stücke mit dem umgebenden Ring zwar in der Regel stark zusammengeflossen, gleichwohl aber noch daran zu erkennen, daß der Ring unten merklich dicker ist als oben (*Abb. 4, 5*)[29].

Unter jenen vier Symbolen, der Flügelscheibe, dem Mann im Flügelring, dem Mondgott Mā und der Halbfigur mit vier Flügeln, sind folgende nicht kombinierbar: die Flügelscheibe mit dem Mann im Flügelring[30] und der Mann im Flügelring mit der Gestalt mit vier Flügeln.

Für diese beiden Paarungen ist deshalb tatsächlich die Möglichkeit einzuräumen, daß sich die Symbole, stellte man sie so zusammen, inhaltlich überschnitten. Vermutlich wäre im ersten Falle eine der Flügelscheiben, im anderen eine der anthropomorphen Büsten lediglich als Verdoppelung empfunden worden. Dieser Eindruck stellte sich bei der Kombination des Mannes im Flügelring mit Mā offenbar nicht ein.

Zieht man nun ernsthaft in Zweifel, daß zwischen der Flügelscheibe

[26] Edmonds, Iraq 1: 186 Fig. 2.

[27] Siehe oben Anm. 20.

[28] Siehe oben Anm. 25. Eine Beziehung zum Kalender hat auch P. Calmeyer bei seinem Kolloquiums-Beitrag für diese Schmuckstücke unterstellt. Unserer Ansicht nach ergibt sich daraus jedoch keinesfalls zwingend, daß das von den Mā-Darstellungen umgebene göttliche Wesen im Mittelfeld der Ohrringe als Darstellung des Sonnengottes zu deuten sei, da sich Sonne und Mond kalendarisch bekanntlich nicht vertragen.

[29] Siehe beispielsweise auch Wiseman, Götter im Rollsiegel: 102: Porada, Pierpont Morgan: Nr. 818 etc.

[30] Die Audienzszenen an Tripylon und Hundertsäulensaal mit Flügelscheiben auf der Baldachinbespannung und dem Mann im Flügelring über der gesamten Szene (Schmidt E., Persepolis I: Pl. 77-79. 103-104. 109; Lecoq, AcIr 23: Pl. XXXI-XXXIV) bilden hiervon insofern keine Ausnahme, als die aufgestickten Sonnensymbole — die ja auch ihrerseits verdoppelt auftreten — nicht zum »*lebendigen*« Geschehen gehören.

und ihrer Kombination mit einer anthropomorphen Halbfigur, nicht zu differenzieren sei, so stellt sich von selbst die Frage, ob jene Büste nicht auch aus der Sonnenscheibe gelöst werden könnte. In einem zweiten Schritt wäre in Betracht zu ziehen, in welchem Verhältnis sie zu jener schon mehrfach genannten Halbfigur mit vier Flügeln steht.

Eine gründliche Durchsicht der bekannten Darstellungen des Motivs des Mannes in der Flügelsonne zeigt, daß die Kombination von Flügelsonne und Halbfigur eigentümlich unterschiedlich ausfällt. Die geläufigste Lösung ist jene, bei der die Menschenprotome organisch aus dem Ring herauszuwachsen scheint (*Abb. 1, 7*)[31]. In anderen Darstellungen gewinnt man den Eindruck, der menschengestaltige Oberkörper wachse hinter der Sonnenscheibe auf, so etwa auf dem Dariussiegel im British Museum (*Abb. 8*) und einem Relief vom Xerxespalast in Persepolis (*Abb. 9*). Die Nahtstelle zwischen Leib und Scheibe wird durch die herabfallenden Gewandfalten geschickt verdeckt. Dabei sind die Größenverhältnisse der einzelnen Komponenten zueinander von Fall zu Fall ganz verschieden. Besonders klein geriet die Protome auf dem Relief in Persepolis; umgekehrt sind bei dem schon erwähnten Rollsiegel aus dem Oxusschatz die Proportionen deutlich zugunsten des Körpers verschoben (*Abb. 5*). Bei mehreren Darstellungen sind die beiden Elemente so verbunden, daß dic Halbfigur die Sonnenscheibe verdeckt[32].

Besonders auffällig aber sind jene Kombinationen von Flügelscheibe und anthropomorphem Oberkörper, die gegenüber den gewöhnlichen Darstellungen um weitere Schwingen bereichert sind, so etwa auf einem Siegel der Pierpont Morgan Library Collection[33], einem Chalzedon-Siegel in London, British Museum 89 352 (*Abb. 10*), und dem bekannten Siegel aus Pasargadae[34]. Die jeweils zwei zusätzlichen Flügel müssen dem Götterwesen gehören, das auf der Sonne *Platz genommen* hat. Zur Erklärung dieser Varianten bietet sich das schon genannte Siegel in Berlin an (*Abb. 3*), auf dem unter der geflügelten Sonnenscheibe die anthropo-

[31] So an fast allen achämenidischen Königsgräbern (mit Ausnahme der Gräber III und VII) und an zahlreichen Gebäuden in Persepolis: Schmidt E., Persepolis I: Pl. 75-79. 104. 107; ders., Persepolis III: Pl. 19. 42. 58. 63. 70; Tilia, Stud Persepolis II: Pl. XXI ff. Fig. 13. 18. 22; Lecoq, AcIr 23: Pl. XXXIII ff. Fig. 14. 15. 35-36. 38-40.

[32] Stempelsiegel aus Susa im Louvre: Vigneau, Ency phot: 95 Nr. 134; Rollsiegel in Chicago, Oriental Institute: Moorey, VII. Kongr Iran München: 220 Fig. 2 D.

[33] Porada, Pierpont Morgan: Nr. 831.

[34] Stronach, Pasargadae: Pl. 162 a. b.

morphe Büste in einem Kranz von vier Flügeln schwebt, flankiert von zwei Lanzenträgern in persischer Tracht. Es drängt sich die Vermutung auf, daß die gerade erwähnten Darstellungen, die das Symbol des Mannes im Flügelring mit zwei weiteren Schwingen ausstatten, auf diese Weise jene vierfach geflügelte Büste mit der Flügelsonne ikonographisch zu verschweißen suchten.

Bemerkenswert ist in diesem Zusammenhang, daß die offenbar als kanonisch empfundene Lösung für die Kombination von Büste und Sonnenscheibe bereits in Bīsutūn (*Abb. 7*) verwirklicht wurde, jedoch nicht fortan verbindlich blieb, denn es sind jüngere Bildwerke, die zum Teil weniger gelungene Kombinationen bieten. Von der allmählichen Annäherung an eine gültige Form für die Darstellung *eines* Götterwesens kann also nicht die Rede sein. Man gewinnt vielmehr den Eindruck, daß jene beiden Bestandteile, Flügelscheibe und Halbfigur, stets als voneinander unabhängig empfunden wurden und den Künstler deshalb immer aufs neue vor die Aufgabe stellten, sie miteinander zu verbinden. Für die Theorie, daß es sich bei der Darstellung des Mannes im Flügelring um eine Junktur zweier verschiedener Elemente handelt, gibt es nun vielfache Bestätigung.

So kombinieren kilikische Münzen des Tiribazus[35] mit der Flügelscheibe eine Männerbüste, die sich von den Auramazdā-Darstellungen der achämenidischen Kunst außer in der griechischen Auffassung der Körperformen durch ihre Nacktheit, ihre Armhaltung und wohl auch ihr Attribut unterscheidet. Man möchte deshalb vermuten, daß hier in der Flügelsonne nicht Auramazdā, sondern eine andere Gottheit abgebildet ist.

Auch in der assyrischen Kunst läßt sich die Zusammenstellung des Sonnensymbols mit seinen horizontalen Schwingen mit Götterbüsten ikonographisch als etwas Sekundäres erweisen. Das Bewußtsein der Unabhängigkeit beider Teile ist auch hier unbedingt vorauszusetzen[36]. Die Flügelscheibe allein begegnet beispielsweise auf den Reliefs von Šekaft-i Golgol[37] und auf zahlreichen Stelen und Siegeln[38].

[35] Siehe Anm. 11.

[36] Vergleiche zu entsprechenden Überlegungen bereits Pering, der gleichfalls schon auf ältere ähnliche Hypothesen zurückgreifen konnte (Pering, AfO 8: 287 mit Anm. 60). Die Deutung des Mannes im Flügelring in der assyrischen Kunst müßte unter diesem Aspekt noch einmal beleuchtet werden.

[37] Vanden Berghe, Reliefs rupestres: Pl. 5; Lecoq, AcIr 23: Pl. XLVI Fig. 43.

[38] Stele Asarhaddons aus Zincirli in Berlin, Staatliche Museen 2708: Hrouda, Assyr

Eine besonders geschickte Junktur von Götterkörper und Sonnenscheibe zeigt ein Orthostatenrelief aus Nimrūd (*Abb. 11*)[39]. Hier schwebt der bogenbewehrte Gott frei vor der flammenden Sonne. Die gewöhnlich den Rand der Scheibe säumenden Schwanzfedern entsprießen stattdessen dem Torso und verbinden beide dadurch, daß sie über die *Felge* des Sonnenrades hinaus verlängert sind. Neben der Göttergestalt im Zentrum können weitere überirdische Wesenheiten auf den Schwingen der Sonne Platz finden (*Abb. 12*)[40]. Und statt der anthropomorphen Protome können auch ganzfigürliche Götterwesen mit der Sonne kombiniert werden, tragen sie also gewissermaßen um die Schultern, wie es auf verschiedenen Siegeln[41] zu sehen ist.

Das Sonnensymbol haben die Perser indes kaum direkt von den Assyrern, sondern vermutlich von den Urartäern übernommen, die es ihrerseits aus Assyrien importiert hatten. Auf urartäischen Bronzen begegnet der Mann im Flügelring häufig, so zum Beispiel auf einem Bronzebeschlagblech der Prähistorischen Staatssammlung München (*Abb. 13*). Die Bildgestaltung der mit dem Bogen gerüsteten, aus dem Ring der Sonne hervorwachsenden Göttergestalt vermittelt uns einen Eindruck von den ikonographischen Vorbildern der Darstellung in Bīsutūn.

Auf urartäischen Bronzezylindern, die womöglich als Deichselkappen dienten, und auf Deichselzierstücken(?) ist wiederholt das Bild einer Gottheit auf einem Stier belegt, die den Flügelring um den Körper zu tragen scheint (*Abb. 14*)[42]. Auf anderen Bildträgern ist die Sonnenscheibe mit weiteren Göttern und Tieren verbunden[43]. Zwar will U. Seidl die Ganzfiguren der Deichselkappen nicht von den Halbfiguren, die die Beschlagbleche zeigen, trennen, doch es erweist sich, daß sich die Gestalt

Flachbild: Taf. 48,1; Stele aus Ninive in London, British Museum 124 800: Smith, Assyrian Sculptures: Pl. XXXIV; Siegelbeispiele: Porada, Pierpont Morgan: Nr. 64OE-651. 693ff. 709ff. 726ff. etc.

[39] Calmeyer, JdI 94: 359 Abb. 11; Lecoq, AcIr 23: Pl. XLVI Fig. 42; ähnlich Lecoq a.O. Pl. XLV Fig. 41; die »kanonische« Form vertritt demgegenüber ein Relief, das ebenfalls aus dem Nordwest-Palast in Nimrūd stammt, London, British Museum 124 531: Barnett, Assyrische Skulpturen: Taf. 13.

[40] Porada, Pierpont Morgan: Nr. 771. 772.

[41] Siegel der Sammlung Newell: Osten, Seals Newell: Pl. XXX Nr. 445; Siegelabrollungen aus Nimrūd: Parker, Iraq 24: 40 Fig. 14 Pl. XXII 6; weitere Siegel bei Seidl in: Kleiss, Bastam I: 145 Anm. 54. 55.

[42] Seidl, AMINF 13: 63ff. Abb. 1-4. 12 Taf. 13. 14,1. 16. 17.

[43] Zusammengestellt von Seidl in: Kleiss, Bastam I: 145 Taf. 39. 40; Ergänzungen bei Seidl, AMINF 13: 80.

im Flügelring »anthropomorph als ganze oder halbe Figur, mit und ohne Bart, mit geschlitztem und geschlossenem Rock, auf einem Stier, einem Löwendrachen und einem geflügelten Pferd und als Fisch nachweisen läßt«. Die Verfasserin bekennt: »Dies alles ist wohl zu variantenreich für einen fest umrissenen Gott, doch könnte es sich vielleicht nicht um verschiedene Ausprägungen eines Götter- oder Genientyps handeln?«[44] Wir möchten mit N. Özgüç[45] eher vermuten, daß es sich um mehrere verschiedene Götter und Genien handelt. Ob in den urartäischen Darstellungen die Flügelscheibe für den Sonnengott steht oder ob sie nur dazu dient, die Übernatürlichkeit der abgebildeten Gestalten sinnfällig zu machen, kann hier offen bleiben.

Es deutet jedoch alles darauf hin, daß die Flügelgenien der achämenidischen Kunst nicht ein, sondern jeweils zwei Götterwesen bezeichnen. Die Sonnenscheibe wahrte ihren solaren Aspekt, was auch durch das Fortleben des entsprechenden ikonographischen Ambientes, etwa der sie stützenden Genien (*Abb. 4*)[46], nahegelegt wird. Der Mann in der Sonnenscheibe steht für Auramazdā, wie hier nicht mehr eigens erläutert werden muß. Wenn wir nun den Blick wieder auf die Schriftquellen richten, zeichnet sich eine auffällige Parallele ab. Der Quellenüberlieferung war zu entnehmen, daß im Pantheon der Achämeniden neben Auramazdā auch dem Sonnengott einst eine herausragende Bedeutung zukam[47]. Diese zwei durchaus selbständigen göttlichen Wesenheiten berührten sich vielfach sowohl in der Art, in der man ihnen Verehrung zollte, als auch in ihrem Wirken, ja, sie flossen häufig vollkommen zusammen. In ganz ähnlicher Weise sind in einer Vielzahl von achämenidischen Darstellungen die Flügelsonne, also das Symbol des Sonnengottes, und die Halbfigur, die für Auramazdā steht, zu einer ikonographischen Einheit verbunden.

[44] Seidl, AMINF 13: 80.

[45] Özgüç, Mélanges Mansel II: 859.

[46] Hethitisch: Quellheiligtum bei Beyşehir: Orthmann, PKG 14: Taf. XLII; späthethitisch: Orthostatenrelief aus Tell Halaf, ehemals Berlin: Orthmann a.O. Taf. 363; neuassyrisch: Stempelsiegel der Pierpont Morgan Library Collection: Porada, Pierpont Morgan: Nr. 793; achämenidisch: Rollsiegel ibid.: Porada, Pierpont Morgan: Nr. 817.

[47] Wie die Perser den Sonnengott landläufig nannten, ist kaum zu sagen. In Analogie zum avestischen **K̲ᵛå̄* / *Huwar* ließe sich ein altpersisches **Huwā* erschließen. In klassischen Quellen begegnet hierfür jedoch keine Bestätigung. Dagegen ist in Ausrufen verschiedentlich Mithras genannt (Plut., Artox. IV 4; Xen., Cyr. VII 5, 53), was darauf schließen läßt, daß die Verehrung dieses Gottes bereits sehr verbreitet war.

Abbildungsnachweise

Abb. 1: Schmidt E., Persepolis III: Pl. 42 A.
Abb. 2: Tilia, Stud Persepolis II: Pl. C. 1.
Abb. 3: Parrot, Assur: Abb. 264.
Abb. 4: Porada, Pierpont Morgan: Nr. 817.
Abb. 5: Dalton, Treasure of Oxus: Pl. XVI 114.
Abb. 6: Parrot, Assur: Abb. 256.
Abb. 7: Luschey, AMINF 1: Taf. 34, 2.
Abb. 8: Photo des British Museum.
Abb. 9: Shahbazi, AMINF 13: Taf. 29.
Abb. 10: Wiseman, Götter im Rollsiegel: 106.
Abb. 11: Barnett, Assyrische Skulpturen: Taf. 39.
Abb. 12: Porada, Pierpont Morgan: Nr. 772.
Abb. 13: Calmeyer, JdI 94: 363 Abb. 12.
Abb. 14: Seidl, AMINF 13: Taf. 17.

Abkürzungs- und Literaturverzeichnis

Barnett, Assyrische Skulpturen =
Barnett R. D. / Lorenzini Amleto::
Assyrische Skulpturen im British Museum (Recklinghausen 1975)

Boyce, HdO Zoroastrianism I =
Boyce Mary::
The Early Period:
A History of Zoroastrianism — I:
Handbuch der Orientalistik — I 8: 1: 1: 2 A (Leiden / Köln 1975)

Calmeyer, JdI 94 =
Calmeyer Peter::
Fortuna — Tyche — Khvarnah:
Jahrbuch des Deutschen Archäologischen Instituts 94 (1979) 347-65

Dalton, Treasure of Oxus =
Dalton O. M.::
The Treasure of the Oxus with other Examples of Early Oriental Metalwork (London [1905] 1964)

Edmonds, Iraq 1 =
Edmonds C. J.::
A Tomb in Kurdistan:
Iraq 1 (1934) 183-92

Ghirshman, Iran =
Ghirshman Roman::
Iran: Protoiranier — Meder — Achämeniden:
Universum der Kunst (München 1964)

Hill, Cat Coins Lycaonia =
Hill George Francis::
Catalogue of the Greek Coins of Lycaonia, Isauria and Cilicia:
Catalogue of the Greek Coins in the British Museum (Bologna 1964)

Hrouda, Assyr Flachbild =
Hrouda Barthel::
Die Kulturgeschichte des assyrischen Flachbildes (Bonn 1965)

Jacobs, MDOG 119 =
JACOBS Bruno::
Das Chvarnah — Zum Stand der Forschung:
Mitteilungen der Deutschen Orient-Gesellschaft zu Berlin 119 (1987) 215-49

Jamzadeh, IA 17 =
JAMZADEH Parivash::
The Winged Ring with Human Bust in Achaemenid Art as a Dynastic Symbol:
Iranica Antiqua 17 (1982) 91-9

Kantor, JNES 16 =
KANTOR Helena J.::
Achaemenid Jewelry in the Oriental Institute:
Oriental Institute Museum Notes — VIII:
Journal of Near Eastern Studies 16 (1935) 1-23

Kleiss, Bastam I =
KLEISS Wolfram::
Bastam I — Ausgrabungen in den urartäischen Anlagen 1972-1975:
Teheraner Forschungen IV (Berlin 1979)

Lecoq, AcIr 23 =
LECOQ Pierre::
Un problème de religion achéménide — Ahura Mazda ou Xvarnah?
Acta Iranica 23 (1984) 301-26

L'Orange, Cosmic King =
L'ORANGE Hans Peter::
Studies on the Iconography of Cosmic Kingship in the Ancient World:
Instituttet for Sammenlignende Kulturforskning — Serie A: Forelesninger 23 (Oslo / London / Wiesbaden / Paris / Cambridge Mass. 1953)

Luschey, AMINF 1 =
LUSCHEY Heinz::
Studien zu dem Darius-Relief in Bisutun:
Archaeologische Mitteilungen aus Iran — Neue Folge 1 (1968) 63-94

Mayer-Opificius, Festschr Thimme =
MAYER-OPIFICIUS Ruth::
Die geflügelte Sonnenscheibe ein Jahrtausende altes Motiv:
Dieter METZLER / Brinna OTTO / Christof MÜLLER-WIRTH edit. Antidoron — Festschrift für Jürgen THIMME zum 65. Geburtstag am 26. September 1982 (Karlsruhe 1983)

Mayer-Opificius, UF 16 =
MAYER-OPIFICIUS Ruth::
Die geflügelte Sonne — Himmels- und Regendarstellungen im alten Vorderasien:
Ugarit-Forschungen 16 (1984) 189-236

Merkelbach, Mithras =
MERKELBACH Reinhold::
Mithras (Hain 1984)

Moorey, VII. Kongr Iran München =
MOOREY P.R.S.::
Aspects of Worship and Ritual on Achaemenid Seals:
Akten des VII. Internationalen Kongresses für Iranische Kunst und Archäologie München 7.-10. September 1976:
Archaeologische Mitteilungen aus Iran — Ergänzungsbände 6 (Berlin 1979) 218-26

Moortgat, Rollsiegel =
MOORTGAT Anton::
Vorderasiatische Rollsiegel — Ein Beitrag zur Geschichte der Steinschneidekunst (Berlin 1940)

Nagel / Jacobs, IA 24 =
NAGEL Wolfram / JACOBS Bruno::
Königsgötter und Sonnengottheit bei altiranischen Dynastien:
Iranica Antiqua 24 (1989) 337-391

Nyberg, Religion Iran =
NYBERG Henrik Samuel::
Die Religionen des alten Iran:
Mitteilungen der Vorderasiatisch-Aegyptischen Gesellschaft 43 (Leipzig 1938)

Özgüç, Mélanges Mansel II =
ÖZGÜÇ Nimet::
The Decorated Bronze Strip and Plaques from Altıntepe:
Mélanges Mansel — II:
Türk Tarih Kurumu Yayınları Dizi VII (Ankara 1974) 847-60

Orthmann, PKG 14 =
ORTHMANN Winfried::
Der Alte Orient:
Propyläen Kunstgeschichte 14 (Berlin 1975)

Osten, Seals Newell =
OSTEN Hans Henning von der::
Ancient Oriental Seals in the Collection of Mr. Edward T. Newell:
University of Chicago — Oriental Institute — Publications 22 (Chicago 1934)

Parker, Iraq 24 =
PARKER Barbara::
Seals and Seal Impressions from the Nimrud Excavations, 1955-58:
Iraq 24 (1962) 26-40

Parrot, Assur
PARROT André::
Assur — Die mesopotamische Kunst vom XIII. vorchristlichen Jahrhundert bis zum Tode Alexanders des Grossen:
Universum der Kunst (München 1972)

Pering, AfO 8 =
PERING Birger::
Die geflügelte Scheibe in Assyrien — Eine religionsgeschichtliche Untersuchung:
Archiv für Orientforschung 8 (1932/3) 281-96

Porada, Pierpont Morgan =
PORADA Edith / BUCHANAN Briggs / GOETZE Albrecht::
The Collection of the Pierpont Morgan Library — Text / Plates:
Corpus of Ancient Near Eastern Seals in North American Collections — I:
The Bollingen Series 14 (Washington 1948)

Schmidt E., Persepolis I =
SCHMIDT Erich F.::
Structures — Reliefs — Inscriptions:
Persepolis — I:
University of Chicago — Oriental Institute — Publications 68 (Chicago 1953)

Schmidt E., Persepolis III =
SCHMIDT Erich F.::
The Royal Tombs and other Monuments:
Persepolis — III:
University of Chicago — Oriental Institute — Publications 70 (Chicago 1970)

Seidl, AMINF 13 =
SEIDL Ursula::
Einige urartäische Bronzezylinder (Deichselkappen?)
Archaeologische Mitteilungen aus Iran — Neue Folge 13 (1980) 63-82

Settgast, Troja Amarna =
SETTGAST Jürgen edit.
Von Troja bis Amarna — The Norbert Schimmel Collection New York:
Katalog der Ausstellung in Berlin — Hamburg — München (Mainz 1984)

Shahbazi, AMINF 13 =
SHAHBAZI Alireza Shahpur::
Farnah »(God given) Fortune« symbolized:
An Achaemenid Symbol — II:
Archaeologische Mitteilungen aus Iran — Neue Folge 13 (1980) 119-47

Smith, Assyrian Sculptures =
SMITH Sidney::
Assyrian Sculptures in the British Museum — From Shalmaneser III to Sennacherib (London 1938)

Starr, IA 12 =
STARR Chester G.::
The Meeting of two Cultures: Greeks and Persians in the fourth Century B.C. — A Study in Cultural Contacts before Alexander — II:
Iranica Antiqua 12 (1977) 49-115

Stronach, Pasargadae =
STRONACH David::
Pasargadae — A Report on the Excavations conducted by the British Institute of Persian Studies from 1961 to 1963 (Oxford 1978)

Tilia, Stud Persepolis II =
TILIA Ann Britt::
Studies and Restorations at Persepolis and other Sites of Fārs — II:
Istituto italiano per il Medio ed Estremo Oriente — Centro studi e scavi archeologici in Asia — Reports and Memoirs 18 (Rome 1978)

Unger, Belleten 29 =
UNGER Eckhard::
Die Symbole des Gottes Assur:
Belleten 29 (1965) 423-83

Vanden Berghe, Reliefs rupestres =
VANDEN BERGHE Louis::
Reliefs rupestres de l'Irān ancien (vers 2000 av. J.C. - 7e s. après J.C.):
Katalog der Ausstellung in Brüssel (Brüssel 1984)

Vigneau, Ency phot =
VIGNEAU André / RUTTEN / MASSOUL::
Encyclopédie photographique de l'art — Le Musée du Louvre — II (Paris 1936)

Wiseman, Götter im Rollsiegel =
WISEMAN D.J. / FORMAN Werner / FORMAN Bedřich [Übersetzung SOLAR Gustav]::
Götter und Menschen im Rollsiegel Westasiens (Prague 1958)

Abb. 1: Naqš-i Rustam, Königsgrab II: Anbetungsszene

Abb. 2: Boston, Museum of Fine Arts: Prunkohrringe (Rekonstruktion) — achämenidisch

Abb. 3: Berlin, Staatliche Museen, VA 3022: Rollsiegel — achämenidisch

Abb. 4: Pierpont Morgan Library Collection: Rollsiegel — achämenidisch

Abb. 5: London, British Museum: Rollsiegel aus dem Oxus-Schatz — achämenidisch

Abb. 6: Ankara, Museum: Rollsiegel aus Gordium — achämenidisch

Abb. 7: Bīsutūn-Relief (Ausschnitt): Gott im Flügelring

Abb. 8: London, British Museum 89 132: Rollsiegel, sog. Dariussiegel — achämenidisch

Abb. 9: Persepolis: Xerxespalast, Relief an der Westtreppe

Abb. 10: London, British Museum 89 352: Rollsiegel — achämenidisch

Abb. 11: London, British Museum 124 551: Orthostatenrelief aus dem Nordwest-Palast in Nimrūd (Ausschnitt)

Abb. 12: Pierpont Morgan Library Collection: Rollsiegel — neuassyrisch

Abb. 13: München, Prähistorische Staatssammlung:
Urartäisches Bronzebeschlagblech

Abb. 14: München, Prähistorische Staatssammlung:
Urartäisches Bronzebeschlagblech (Ausschnitt)

QUESTIONS PRÉALABLES

PAR

J. KELLENS

Aucun participant à l'atelier «Sources sur la religion iranienne à l'époque achéménide» n'a abordé la question, si longtemps et si souvent débattue, du zoroastrisme des achéménides: les organisateurs leur avaient expressément demandé de s'en abstenir. On voudra bien excuser l'un des organisateurs d'enfreindre sa propre interdiction, pour se justifier. Il me semble en effet qu'une explication est d'autant plus souhaitable que j'ai moi-même abordé le sujet à plusieurs reprises et récemment encore[1], et qu'il serait bon que je donne les raisons de ce qui paraît bien un revirement.

Notre décision, à Clarisse Herrenschmidt et à moi, repose sur la conviction qu'on ne peut plus traiter ce sujet comme il était encore légitime de le faire il y a dix ans. Depuis lors, notre connaissance du mazdéisme a été bouleversée[2] et, entre autre, nous nous rallions presque tous à une autre chronologie de son histoire. Or, il est clair que la question du zoroastrisme des achéménides ne se pose vraiment que si on fait de Zaraϑuštra un contemporain approximatif de Cyrus — ce qui veut dire en pratique: si on se fie à la tradition qui le situe 258 ans avant Alexandre. Dès lors qu'on postule, entre Zaraϑuštra et la fondation de l'empire achéménide, un écart de trois ou quatre siècles, les choses paraissent entendues, ainsi que Gherardo Gnoli et moi-même, qui n'avons pourtant guère la même conception des origines mazdéennes, l'avons souligné indépendamment l'un de l'autre la même année[3]. Si le mazdéisme vieil-avestique s'est manifesté aux alentours de l'an looo avant notre ère comme un bouleversement radical des conceptions religieuses,

[1] Altorientalische Forschungen 10, 1983, 107-123.

[2] Je pense tout particulièrement à *Die Aməṣ̌a Spəṇtas im Avesta* (Wiesbaden 1982) et à *Der Yasna Haptaŋhāiti* (Wiesbaden 1986), de Johanna Narten.

[3] Gnoli, *Zoroaster's Time and Homeland*, Napoli 1980, 199 sq.; Kellens, ibid. (l'article mentionné en no 1 est la traduction allemande d'une leçon inaugurale faite à Liège en 1980).

trois hypothèses sur sa situation au VIème siècle sont théoriquement possibles: ou il avait imprégné la religion iranienne tout entière, ou il s'était perdu dans les sables du désert salé, ou il s'était imparfaitement propagé, s'installant durablement dans un rapport conflictuel avec le «paganisme» persistant. Le simple fait que ses textes liturgiques (Gāϑā et Yasna Haptaŋhāiti) aient été conservés exclut la seconde hypothèse et la troisième n'est pas vraisemblable alors qu'aucune crise religieuse d'ampleur, comme on l'a depuis longtemps remarqué, n'est perceptible dans toute l'histoire achéménide. Dans le cadre de la chronologie longue, qui est aujourd'hui presque universellement admise, le mazdéisme achéménide est nécessairement un mazdéisme postzoroastrien, comme celui de l'Avesta récent, même s'il n'est pas sûr que ce soit le même.

La question de savoir si les achéménides étaient ou non zoroastriens est encore suspecte pour une autre raison: l'évanescence du terme «zoroastrien». Peut-on sérieusement se demander si une doctrine religieuse est ou non «zoroastrienne» sans définir avec rigueur ce qu'implique cette qualification[4]? La plupart des spécialistes n'apportent même pas la plus élémentaire des précisions, celle qui consisterait à dire s'ils entendent par «zoroastrisme» la doctrine de l'Avesta tout entier ou seulement celle de ses parties qui semblent avoir été rédigées du vivant même de Zaraϑuštra et que nous définissons aujourd'hui comme vieil-avestiques. Il n'est pas justifiable en méthode de faire figurer, dans la liste des omissions et des divergences qui constitue, depuis Benveniste[5], la colonne vertébrale des discussions sur la religion des achéménides, à la fois, par exemple, l'omission du titre de *yazata*, qui est exclusivement récent, et celle du nom des Aməṣ̌a Spəṇta, qui paraissent une caractéristique essentielle et incontestable de la doctrine gâthique[6]. Il ne s'agit pas seulement d'un défaut de perspective, corollaire inévitable de la chronologie courte[7], mais bel et

[4] Bien vu par Duchesne-Guillemin (Opera Minora I 68 sq.).

[5] Benveniste, *The Persian Religion according to the chief Greek Texts*, Paris 1929.

[6] Tel était le point de vue il y a moins de dix ans. Grâce aux livres de Narten (v. n. 2), nous savons à présent que le Yasna Haptaŋhāiti, qui atteste *yazata*, est un texte vieil-avestique et que les entités gâthiques, pas plus qu'elles ne s'appellent *aməṣ̌a spəṇta*, ne forment encore de liste structurée.

[7] Il y a aussi l'absence de chronologie (les Gāϑā et les Yašt sont plus ou moins contemporains), et la chronologie inverse (les Yašt sont, par endroit, plus anciens que les Gāϑā). Je tiens ces positions pour intenables: le fait que nous n'ayons dans les Yašt aucune forme aoristique originale (VA 375 sqq.) et aucun *-ā-* de subjonctif dissyllabique constitue la preuve incontestable qu'il n'y a pas le moindre fragment de ces textes qui ne soit plus récent, et beaucoup plus récent, que le corpus vieil-avestique.

bien d'un défaut de méthode. Dès qu'on remarque des divergences entre le système religieux de l'Avesta ancien et celui de l'Avesta récent, quelle que soit la chronologie qu'on adopte, il convient de rendre soigneusement à chacun ce qui lui appartient[8]. Il va de soi que la chronologie longue, indépendamment de ce qu'elle implique d'un point de vue général, impose de n'envisager la question du zoroastrisme des achéménides que par référence au corpus vieil-avestique, car les documents achéménides sont peut-être antérieurs à l'Avesta récent et le sont à coup sûr à beaucoup de ses strates (c'est pourquoi l'argument des pratiques funéraires, par exemple, est sans pertinence).

La difficulté de la question provient essentiellement de notre très réelle ignorance du mazdéisme vieil-avestique. Tous ceux qui discutent du zoroastrisme des achéménides le font avec une idée implicite de ce qui constitue précisément l'originalité du système gâthique. Mais nul n'a la même, car on ne s'est jamais entendu sur un critère de définition du mazdéisme vieil-avestique. Est-ce le dualisme? Gnoli l'a réfuté de façon, je crois, décisive[9]. Est-ce le monothéisme? J'ai donné récemment mes raisons d'en douter[10], et Mary Boyce, qui ne croit vraisemblablement pas aux miennes, en a donné d'autres[11], auxquelles je ne crois pas. Est-ce la prééminence d'Ahura Mazdā? Rien ne permet de l'affirmer. Est-ce l'invention des Aməṣ̌a Spəṇta? On ne peut plus le prétendre depuis l'étude de Johanna Narten. Est-ce l'éthique? Restons sérieux. Est-ce l'antiritualisme? Les Gāϑā, interprétées par Humbach — et c'est l'interprétation la plus sûre —, témoignent d'une doctrine rigoureusement ritualiste. S'agit-il du rejet de certaines pratiques, comme le sacrifice sanglant et la consommation de haoma? Le scepticisme domine depuis plusieurs années[12] et c'est raisonnable, puisque les Gāϑa ne font à ce sujet que deux ou trois allusions incompréhensibles. Il faut bien reconnaître que nous n'avons pas pu identifier un trait distinctif qui caractérise le mazdéisme vieil-avestique, le seul qu'on puisse, si on y tient vraiment, appeler «zoro-

[8] Comme le fait très bien, en dépit de son adhésion à la chronologie courte, Ilya Gershevitch (JNES 23, 1964, 12 sq.), qui distingue soigneusement entre «Zarathustrianism» (le système des Gāϑā), «Zarathustricism» (celui de l'Avesta récent) et «Zoroastrianism» (la religion sassanide).

[9] Gnoli, ibid. 191 sq.

[10] HA 3, 1987, 249 sq.

[11] *History of Zoroastrianism* I 195 sq.

[12] Une bonne prise de position récente est celle de Humbach, «Zarathustra und die Rinderschlachtung», Studien Rapp, Meisenheim am Glan 1977, pp. 17 sqq.

astrisme». Il y a bien la mise en question des *daēuua*, mais c'est un critère sans utilité pratique, car nous ne connaissons aucun courant religieux iranien qui nomme ses dieux *daēuua* et, comme nous ne connaissons pas non plus le nom des divinités auxquelles les Gāϑā se réfèrent par ce titre, on ne peut faire argument, dans le domaine achéménide, de la présence, aux côtés d'Ahura Mazdā, de tel ou tel dieu, par exemple, Miϑra.

Poser la question du zoroastrisme des achéménides, c'est proposer implicitement la confrontation entre une réalité mal connue, la religion achéménide, et une réalité moins mal connue, le zoroastrisme. Je crains fort que ce soit l'inverse, que nous connaissions mieux la religion achéménide que le zoroastrisme. A vrai dire, notre connaissance du mazdéisme vieil-avestique est si imparfaite que la validité de la question du zoroastrisme des achéménides n'est rien moins qu'assurée. Car cette question n'a évidemment de sens que s'il existe bien un zoroastrisme, c'est-à-dire une doctrine religieuse qui aurait été

1. si radicalement innovante qu'elle serait entrée en conflit avec la religion préexistante,
2. une œuvre personnelle, mise au point et préchée par une puissante personnalité historique,
3. propagée par une action missionnaire délibérée et persévérante.

Il ne s'agit là que de postulats dont on peut s'étonner qu'il n'aient pas été mis en question plus souvent et plus résolument. Il est incohérent, pour ne pas dire absurde, de tenir pour un acquis intangible le caractère radical d'une innovation qui, par ailleurs, se dérobe à l'analyse. Le texte gâthique est-il si limpide que le rôle exact joué par Zaraϑuštra y apparaisse avec toute la précision souhaitable[13]? Peu de spécialistes ont su éviter la contradiction qui consiste à proclamer avec désespoir l'irrémédiable obscurité des Gāϑā, puis à décrire avec assurance le système religieux dont elles sont le texte témoin. Dans les faits, nul d'entre nous n'a su se garder d'outrepasser cette constation d'évidence, à laquelle chacun souscrit pourtant intimement, que les Gāθā sont un texte en déchiffrement, dont le sens nous échappe encore pour plus de moitié.

[13] Ajoutons qu'il n'y a pas dans tout l'Avesta une seule allusion claire à l'action prosélytique. Le passage le plus fréquemment pris à témoin est Y42,6 *aϑaurunąmcā paitī.ająϑrəm ... yōi iieiią dūrāṯ aṣ̌ō.īšō daxiiunąm* «le retour des prêtres, qui pourraient être allés loin, à la recherche de l'Aṣ̌a des nations» (v. *Noms - racines* 13 sqq.)». Il faut un optimisme inébranlable pour considérer comme sûr que «chercher l'Aṣ̌a des nations» veut dire «évangéliser».

Il est de bon ton de répéter, avec Kaj Barr, «plus je les lis, moins je les comprends»[14], puis de chercher à les expliquer en exhumant un sens qui paraisse en harmonie avec la doctrine qu'on leur prête a priori, selon une méthode que Humbach a dénoncée en ces termes: «Argumentationen des Typs «unklar, weshalb der Prophet... solle» sind in der Gathaforschung üblich. Dass sie brauchbar sind, lässt sich nichtdestoweniger bezweifeln»[15]. Combien de fois a-t-on pu lire l'argument suprême, «it makes a good sense»[16], qui signifie seulement qu'il nous semble déboucher sur des idées familières[17].

Les études sur la religion mazdéenne ont tout à gagner à se débarrasser de l'image d'un fondateur ou d'un prophète. Ce personnage encombrant a tous les défauts. Non seulement il n'est, selon toute vraisemblance, qu'un leurre, ce qui ne serait rien, sinon le prétexte à quelque plaisanterie à la Bernard Shaw sur «Zaraϑuštra ou un autre du même nom», mais il amène la démarche scientifique à se satisfaire d'un principe explicatif rudimentaire. L'analyse est censée avoir atteint son but lorsqu'elle a situé son objet par rapport à Zaraϑuštra. La question «s'agit-il d'un héritage du passé, d'une invention du prophète ou d'une adaptation ultérieure?» paraît épuiser le champ de la réalité. Ainsi a-t-on procédé pour les Aməṣ̌a Spəṇta, pour les Frauuaṣ̌i, pour Aṣ̌i, pour l'eschatologie, etc... Le problème posé par telle ou telle conception est considéré comme résolu une fois que cette conception est située dans le schéma dialectique élémentaire de la thèse, dont aucun document ou monument ne témoigne, de l'antithèse, à laquelle nous avouons comprendre peu de chose, et de la synthèse, qui laisse perplexe parce qu'on ne peut la définir par rapport aux deux phases précédentes. Que la recherche, en partant du postulat d'un fondateur, n'ait pas su articuler les diverses manifestations du mazdéisme en un tableau cohérent et capable de recueillir un consensus relatif devrait inciter à la plus vive méfiance envers les prémisses.

[14] Amusant florilège du scepticisme chez Duchesne-Guillemin, *Zoroastre* 13 sq.

[15] MSS 8, 1956, 82.

[16] Ainsi Ilya Gershevitch, BSOAS 25, 1962, 368. Fréquent chez Insler.

[17] La terminologie des Gāϑā a ceci de perfide qu'elle paraît utiliser nos propres idiotismes: les plus frappants sont «bonne pensée - bonne parole - bonne action» et le «droit chemin». Naturellement, il s'agit de tout autre chose que ce que nous entendons par là. On peut reprocher à Duchesne-Guillemin, qui a donné la traduction des Gāϑā la plus lisible, d'avoir encouragé les confusions de cette sorte en recourant systématiquement à l'analogie: *xšaϑra-* rendu par «royaume», *maga-* par «sacrement», *spəṇta-* par «saint», etc... Les Gāϑā ont besoin d'un bon coup d'exotisme.

Si on veut bien se représenter son évolution comme continue, quelque heurt qu'elle ait pu connaître, et non comme distribuée en trois phases irréductibles, chacune en soi immuable, le mazdéisme retrouve toute la dignité et la complexité de son développement historique. Peut-on croire sérieusement que la pensée religieuse iranienne n'ait eu d'autre ressort que les visions du fondateur et les perpétuelles résurgences du passé, privée de tout mouvement en dehors de l'oscillation entre le pôle des traditions «paiennes» et celui de l'innovation «prophétique»? Débarrassée d'un deus ex machina trop commode, la science des origines mazdéennes serait libre d'envisager les véritables problèmes, dans le cadre d'une stricte dialectologie religieuse indo-iranienne. Quant à la documentation achéménide, plutôt qu'une énigme, elle est une chance inespérée, le premier témoignage direct sur le mazdéisme et, vraisemblablement, celui qui nous fournit les textes les plus anciens après le corpus vieil-avestique. Loin de réclamer les lumières de l'Avesta «zoroastrien», il nous aide à mieux le comprendre. Comment s'est constitué le panthéon des Yašt? Quelle était la place du feu dans le rituel? Comment les rites funéraires imposés par le Vidēvdād étaient-ils effectivement pratiqués? Sur ces questions, et sur beaucoup d'autres, le mazdéisme achéménide peut nous apprendre beaucoup si nous voulons bien l'envisager sous un autre angle que celui de son hypothétique conversion. La démarche qui consiste à partir des données achéménides pour aller vers l'Avesta ne peut pas être plus stérile que la démarche inverse.

Duchesne-Guillemin écrit que «les achéménides ont dû avoir une façon bien à eux d'être zoroastriens»[18]. Remarque significative! Juste parce qu'elle reconnaît la spécificité du mazdéisme achéménide, malheureuse parce qu'elle réduit le débat religieux à une confrontation sommaire entre le prophète et les grands rois, elle s'étonne étrangement, après un siècle de recherches, que l'autorité prophétique n'ait ni arrêté le temps, ni uniformisé les lieux. La religion achéménide avait sa spécificité, la spécificité banale et inévitable qui résulte d'une situation particulière dans la géographie et dans l'histoire et de l'évolution créatrice de la pensée, qui est l'œuvre commune des hommes.

[18] Opera Minora II 376.

ZU RELIGION UND KULTEN IM ACHÄMENIDISCHEN KERNLAND

VON

Heidemarie KOCH

Neben den Königsinschriften sind die elamischen Verwaltungstäfelchen aus Persepolis die einzigen authentischen Quellen, die wir aus der Achämenidenzeit besitzen[1]. Diese in der Regel allerdings sehr kurzen und nüchternen Belege können interessante Einblicke gewähren, nicht nur in Wirtschaft und Verwaltung des persischen Kernlandes, sondern auch in das tägliche Leben seiner Bewohner und damit auch in ihre religiöse Umwelt. Bedingt durch die Art dieser Dokumente und ihre zufällige Erhaltung, ist es nicht möglich, erschöpfend über alle Fragen der Glaubensvorstellungen der Perser zur Zeit der Achämeniden Auskunft zu erhalten, doch werden gewisse Grundtendenzen deutlich. Die Verwaltungstäfelchen stammen aus der Regierungszeit Dareios' d. Gr., sie sind datiert in die Jahre 509-494 v. Chr. Somit gelten die Hinweise, die die Täfelchen für die Religion geben können, insbesondere für die Wende vom 6. zum 5. Jh. Dieses muß betont werden, da auch religiöse Vorstellungen einem ständigen Wandel unterworfen sind, der mitunter sogar grundlegende Ansichten einer Religion beeinflussen kann. Glaubensvorstellungen, wie sie *vor* der Zeit des Dareios anzutreffen waren, oder auch, wie sie im Volk vorgeherrscht haben, mögen sich in gewisser Weise in den Namen widerspiegeln, die ja in großer Zahl in den Verwaltungstexten vorhanden sind. Anhaltspunkte dafür, daß sich bereits unter Dareios' Nachfolger Xerxes manches in den religiösen Anschauungen geändert haben mag, finden sich in der bekannten Daiva-Inschrift dieses Herrschers; für weitere in diese Richtung gehende Hinweise muß man dann auf Sekundär-Quellen zurückgreifen[2].

Bei dieser Quellenlage erweisen sich die Verwaltungstäfelchen aus Persepolis als ein wahrer Schatz. Sind sie auch zeitlich sehr begrenzt und

[1] Für die hier behandelten Fragen sind besonders relevant: R. T. Hallock, Persepolis Fortification Tablets (OIP 92, 1969); ders., DAFI 8, 1978, 109-136.

[2] Insbesondere Herodot, z.B. VII 43 und 113.

mögen sie auch nur einen Teil der religiösen Vorstellungen verdeutlichen, eben soweit, wie die Verwaltung mit diesen überhaupt in Berührung kam, so ergibt sich doch mehr und mehr ein anschauliches Bild, so daß wir zumindest für die Dareioszeit zu einigen grundlegenden Erkenntnissen gelangen können.

Eine erste zusammenfassende Bearbeitung der publizierten Verwaltungstexte aus Persepolis, die in irgendeiner Weise Auskunft zu Fragen der Religion und des Kultes geben können, ergänzt durch einige briefliche Mitteilungen von R. T. Hallock, wurde bereits 1977 vorgelegt[3]. Die damals gewonnenen Erkenntnisse lassen sich heute in mancherlei Hinsicht noch vertiefen und klären, nachdem das Material weiter und unter anderen Fragestellungen bearbeitet worden ist[4]. Eine ganz entscheidende Voraussetzung ist, daß sich eine Vorstellung von der ungefähren geographischen Lage der einzelnen Orte gewinnen ließ. Damit ist es nun möglich zu fragen, *wo* denn eigentlich bestimmte Götter verehrt wurden, und diese Untersuchung hat zu sehr interessanten Ergebnissen geführt.

Das persische Kernland, dessen zentrale Verwaltungsstelle sich in Persepolis befand, gliedert sich in sechs verschiedene Verwaltungsbezirke (Skizze 1):

I. Persepolis und Umgebung
II. Schiras und Umgebung
III. Der Bezirk südöstlich von Persepolis
IV. Der Bezirk west- und südwestlich von Persepolis
V. Der Bezirk nordwestlich von Persepolis
VI. Die Elymais

Diesen Bezirken kann man einen Großteil der Orte zuordnen. Ihre Lage ergibt sich aus ihren wirtschaftlichen Beziehungen zueinander, dem Auftreten von verschiedenen Beamten in mehreren Orten, zusammenfassende Abrechnungen in der Verwaltung usw. Zwar kann man im einzelnen nicht sagen, ob ein Ort beispielsweise westlich oder nördlich von einem zweiten lag, wohl aber, daß beide (und häufig noch weitere) in derselben Gegend gelegen haben müssen. So ergibt sich ein Netz von

[3] H. Koch, Die religiösen Verhältnisse der Dareioszeit. Untersuchungen an Hand der elamischen Persepolistäfelchen (GOF III Bd. 4, 1977).

[4] H. Koch, Verwaltung und Wirtschaft im persischen Kernland zur Zeit der Achämeniden (TAVO, 89, 1990); W. Hinz - H. Koch, Elamisches Wörterbuch (AMI Ergbd. 17, 1987) — Sigel ElW.

Orten, das auch bei der Frage nach dem Auftreten bestimmter Gottheiten und Zentren ihrer Verehrung sehr hilfreich sein kann. Es dient auch als Grundlage für die folgenden Ausführungen, in denen den wichtigsten Verehrungsformen, den unterschiedlichen Gottheiten und auch den Titeln der Priester nachgegangen werden soll.

1. Das lan-Opfer

Auf den Verwaltungstäfelchen werden Götter oder Opfer nur erwähnt, wenn es darum geht, gewisse Ausgaben zu verbuchen. Dementsprechend knapp sind auch die Hinweise, die wir erhalten, da alle näheren Erläuterungen fehlen. Häufig kann man nur aus Indizien schließen, was unter einem bestimmten Ausdruck zu verstehen ist. Ein Schlüsselbegriff ist offensichtlich das »lan-Opfer«, dessen Bedeutung bei heutigen Forschern heftig umstritten ist, während es für jeden Bewohner des persischen Kernlandes völlig eindeutig war, was mit diesem Fachausdruck gemeint war. Das lan-Opfer ist das am häufigsten genannte und am weitesten verbreitete. Es ist das einzige Opfer, das von der Verwaltung ganz regelmäßig, Monat für Monat, mit genau festgelegten Opfersätzen bedacht wurde. Sie werden oft einfach als »Rationen« (gal) bezeichnet, genauso wie z.B. die laufenden Versorgungsausgaben für Arbeiter und Beamte. Mitunter findet sich auch der Vermerk »Rationen des Königs«, was einen Hinweis darauf gibt, daß die regelmäßigen Zuweisungen für diesen bestimmten Opferzweck vom König selbst angeordnet worden waren.

Das lan-Opfer wird stets mit dem Gottesdeterminativ DINGIR geschrieben: d. la-an. Die ursprüngliche Bedeutung dieses elamischen Wortes mag etwa »göttliche Gegenwart« gewesen sein, doch muß es in achämenidischer Zeit eine ganz besondere Ausprägung erfahren haben, zu einem terminus technicus geworden sein. In den Fällen, wo es zusammen mit Ausgaben für andere Opfer genannt wird, steht es in der Aufzählung gleichrangig neben Götternamen. Dieses spricht dafür, daß das lan-Opfer einer bestimmten Gottheit (oder auch mehreren) zugeordnet ist. Außerdem ist häufig noch das Wort δauça- »Opferspende«[5] hinzugefügt. Durch diesen allgemeinen Ausdruck, der auch im Zusammenhang

[5] ElW 279 s.v. h. tam_5-šá-am.

mit anderen Opfern vorkommen kann, gibt sich das lan wiederum als Spezialausdruck zu erkennen, da ja nicht zu erwarten ist, daß zwei allgemeine Begriffe nebeneinander gestellt werden. Aus den genannten Gründen hatte ich schon früher vorgeschlagen, in dem lan-Opfer das von höchster Stelle verordnete »Staatsopfer« für Ahuramazdā zu sehen[6].

Diese Vermutung gewinnt noch an Gewicht, wenn man die Verbreitung des lan-Opfers genauer untersucht[7]. Ganz deutlich vorherrschend ist es in Bezirk I und II, also in Persepolis und Schiras mit Umgebung. Neben zahlreichen Belegen über das lan-Opfer[8] findet sich in diesen Gebieten jeweils nur ein Beleg mit Opfern für andere Götter, die aber nicht näher definiert sind (Skizze 2). Auch im süd-östlichen Bezirk (III) ist überwiegend das lan-Opfer anzutreffen, nur in drei Orten begegnen zusätzlich elamische bzw. babylonische Götter (Skizze 3). Auch im Bezirk IV (west- und südwestlich von Persepolis) wird durchgehend das lan-Opfer zelebriert. Dort kommen aber in großer Zahl iranische Gottheiten hinzu, selten elamische[9]. In Bezirk V, der sich nach Nordwesten erstreckt, ist ebenfalls das lan-Opfer verbreitet, insbesondere in seinem östlichen Teil. Mit zunehmender Entfernung von Persepolis treten weitere Gottheiten hinzu, und im Westen scheint in einigen Orten des elamischen Grenzbereiches das lan-Opfer ganz zu entfallen. Gar keine Rolle mehr spielt es dann in der Tat in der Elymais, wo es nur noch in zwei Orten, in Hidali (h. hi-da-li) und in Geϑat (h. gi-sa-at) genannt wird.

Diese weiträumige Verbreitung des lan-Opfers mit deutlicher Konzentration um Persepolis herum, das allmähliche Abnehmen seiner Bedeutung, je weiter man sich von dem Zentrum entfernt, insbesondere nach Westen hin, wo weitere Götter an seine Seite treten, und dann das fast

[6] Koch (s. Anm. 3) 129ff., bes. 138.

[7] Auf den Skizzen 2-6 sind alle Orte, in denen das lan-Opfer belegt ist, von einer Linie umfahren.

[8] Die Belege in diesem Bezirk sind recht zahlreich, stammen aber immer aus denselben wenigen Orten. Da es nicht möglich ist, die Häufigkeit der Belege auch mit darzustellen, vermittelt die relative Leere auf Skizze 2 einen etwas falschen Eindruck. — Grundsätzlich habe ich in allen Skizzen nur die Orte eingetragen, aus denen Belege erhalten sind, die etwas über die dort verehrten Götter, bestimmte Opfer oder dort tätige Priester aussagen. Sonst wäre das Bild zu unübersichtlich geworden. Die relative Lage dieser Orte hat sich indessen aus einer systematischen Untersuchung der wirtschaftlichen Beziehungen und der Tätigkeit bestimmter Beamter in *allen* Orten ergeben (s. die in Anm. 4 genannte Arbeit).

[9] Auf sie alle wird unten noch eingegangen.

vollständige Fehlen dieses Opfers in elamischem Gebiet scheinen mir weitere Indizien dafür zu sein, daß es sich bei dem lan-Opfer tatsächlich um das von dem König favorisierte »Staatsopfer« handelt, und dieses kann nach Aussage der großen königlichen Inschriften eigentlich nur für Ahuramazdā bestimmt gewesen sein[10]. Damit erklärt sich auch, daß der Name dieses Gottes, der für den König von so hervorragender Bedeutung war, nur sehr selten direkt als Opferempfänger genannt wird. Insgesamt finden sich nur zehn Belege, und diese stammen aus vier verschiedenen Orten im persisch-elamischen Grenzgebiet (Skizze 4 und 5).

2. Iranische Gottheiten

Das lan-Opfer ist das einzige, dessen Verbreitung sich im gesamten Gebiet der Persis nachweisen läßt. Daneben wird im Material der Verwaltungstäfelchen aus Persepolis noch eine ganze Reihe weiterer Gottheiten genannt, denen Opferzuteilungen zugestanden werden, teils mit dem lan-Opfer zusammen, oft aber auch gesondert. Bei diesen Göttern oder auch gewissen religiösen Verehrungsformen läßt sich jetzt aber zeigen, daß sie stets auf einen ganz bestimmten landschaftlichen Bereich beschränkt sind, häufig auf wenige, nah beieinanderliegende Orte. Ihr Auftreten soll im folgenden aufgezeigt werden.

a) *Die Visai Bagā (d. mi-iš-šá-a-ba-qa, d. mi-šá-a-ba-qa, d. mi-še-ba-qa, d. mi-iš-še-ba-qa)*

Hierbei handelt es sich um eine bestimmte Göttergruppe, die als Einheit angesehen und in Aufzählungen gleichrangig neben einzelne Götternamen gestellt wurde[11]. Da es in der Litertur immer wieder zu Mißverständnissen gekommen ist, sei noch einmal darauf hingewiesen, daß sich hinter diesem Begriff keineswegs der Gott Mithra verbirgt[12]. Die durchgängige elamische Schreibung -šá-a- oder -še- kann kein ap. -ça wiedergeben, sondern nur ein -sai oder auch -saya. Es ist also nach wie

[10] Auch ist die Vermutung auszuschließen, daß es sich hierbei um einen Kult des Königshauses gehandelt habe, denn dann könnte man das fast vollständige Fehlen dieses Opfers in der Elymais nicht erklären.

[11] s. ausführlich Koch (oben Anm. 3) 87 ff.

[12] Zu den erwähnten Mißverständnissen s. ausführlich H. Koch, ZA 77,2, 1987, 256 Anm. 93.

vor die Feststellung gültig, daß wir im Material der elamischen Buchungstäfelchen keinen einzigen Beleg dafür haben, daß Mithra Opfer erhalten hätte. Daß dieser Gottesnamen indessen des öfteren als Bestandteil von Personennamen vorkommt, bleibt unbestritten[13].

Die Visai Bagā sind diejenigen, die nach dem lan-Opfer am häufigsten als Empfänger von Opferzuteilungen genannt werden. Allerdings ist auch ihr Auftreten im Verhältnis zum lan-Opfer sehr selten, und es ist auf einen ganz bestimmten Bereich begrenzt. Bisher läßt sich nur im Verwaltungsbezirk IV, der west- und südwestlich von Persepolis liegt, ihre Verehrung nachweisen (Skizze 4). Sie ist belegt in den Orten Hvatāraka (h. ú-da-rák-qa), Raznavatīš (h. ráš-nu-ma-ut-ti-iš), Vaiǰava (h. me-za-ma), Mazdāguš (h. maš-da-ku-iš), Akrna (h. ak-kur-na), Hunidāta (h. ú-nu-da-ad-da), Visāra (h. mi-[šá]-ráš) und Memanakaš (h. me-ma-na-kaš). In allen Fällen werden neben ihnen aber auch noch andere Gottheiten mit Opferzuteilungen bedacht.

b) *Δrva (d. tur-ma, d. tur-me)*

Der medische Gott Zurvan[14] ist ebenfalls nur im Verwaltungs-Bezirk IV anzutreffen, und zwar in drei Orten, die, nach ihren wirtschaftlichen Beziehungen zu urteilen, benachbart liegen müssen, Raznavatīš, Hvatāraka und vermutlich Krkaraxā (h. kur-qa-rák-qa). Die beiden ersteren begegneten schon als Verehrungsstätten der Visai Bagā.

c) *Hvarira (d. ma-ri-ráš, d. mar-ri-ráš)*

Auch die Verehrung des »Genius des Sonnenaufgangs«[15] beschränkt sich auf das genannte Gebiet. Außer in Raznavatīš ist er nur noch in Kundruš (h. ku-un-ru-iš) anzutreffen.

d) *Naryasanga (d. na-ri-šá-an-qa)*

Neben Δrva und Hvarira findet sich noch ein weiterer Vertreter der

[13] Wobei indessen auch in diesen Fällen nicht eindeutig ist, daß es sich tatsächlich um den Gottesnamen handelt; s. den Beitrag von R. Schmitt in diesem Heft.

[14] So auch I. Gershevitch, TPS 1969, 183; W. Hinz, Altiranisches Sprachgut der Nebenüberlieferungen (GOF III Bd. 3, 1975) 93; H. Koch (s. oben Anm. 3) 85 ff. — R.N. Frye, The History of Ancient Iran (1984) 122 Anm. 134, nimmt dagegen einen elamischen Gott Turma an.

[15] Gershevitch a.O. 173 f.; Hinz a.O. 130 f.; Koch (s. Anm. 3) 94 f.

medischen Götterwelt in eben diesem Bezirk. Es ist Nairyō.saŋha, der awestische Götterbote[16]. Auch er ist nur in zwei Orten belegt, in Θimbara (h. ši-um-bar-ra-an) und in Hunidāta.

e) *Rδanafravartiš (h. ir-da-na.pír-ru-ir-ti-iš, [d.]ir-da-na.pír-ru-ru-ti-iš)*

In dem letztgenannten Ort Hunidāta und außerdem in Mazdāguš, das zu demselben Verwaltungs-Bezirk gehört[17], wird eine weitere Gottheit genannt, deren Name altiranisch klingt. Sie ist sonst nicht bekannt.

f) *Spantaragrδya (d.h. iš-ban-da-ra-kur-ti-iš)*

Ebenfalls bisher unbekannt ist ein Begriff, der nur in den bisher unpublizierten Täfelchen belegt ist. W. Hinz schlug eine Lesung *spantaragrδya- in der möglichen Bedeutung »Kapelle« vor[18]. Auffällig ist, daß der Begriff mit zwei Determinativen, einem Gottes- und einem Ortsdeterminativ, versehen ist. Mehrfach erscheint dieser Ausdruck zusammen mit dem lan-Opfer und den Visai Bagā in Aufzählungen über Opfer-Zuteilungen. Anscheinend verbirgt sich auch hierunter eine bestimmte, vermutlich iranische Gottheit. Belege sind erhalten aus den Orten Mazdāguš, Visāra, Memanakaš, Pavastavāna (h. ba-u-iš-du-mana) und Parurāδa (h. bar-ru-rad-sa-an).

g) *Berge und Flüsse*

Alle bisher aufgeführten iranischen Gottheiten wurden lediglich im Verwaltungsbezirk IV verehrt und dort in relativ eng zu begrenzenden Gebieten. Ganz besonders auffällig ist in diesem Bereich eine göttliche Verehrung von Bergen und Flüssen, die ebenfalls in keinem der anderen Bezirke Parallelen hat. Es ist anzunehmen, daß dieser Kult seine Voraussetzungen in den geographischen Gegebenheiten fand, es sich also um eine Landschaft mit hochaufragenden Bergen und bedeutenden Flüssen handelt, die zu einer derartigen Verehrung Anlaß gaben. Mitunter wird ein und derselbe Berg in mehreren Orten mit Opfern bedacht. Diese Orte werden in seiner Nähe gelegen haben. Dagegen können Orte, die demsel-

[16] J. Duchesne-Guillemin, Archivo Glottologico Italiano (1964) 116ff.; Koch (o. Anm. 3) 92f.

[17] Beide Orte begegneten auch schon als Verehrungsstätten der Visai Bagā.

[18] ElW 786.

ben Fluß göttliche Ehren zuteil werden lassen, durchaus weiter entfernt voneinander, wenn auch an demselben Fluß gelegen haben.

Die Namen der verehrten Berge und Flüsse klingen alle iranisch:

Der Berg Patināša (h. KUR.lg bat-ti-na-šá) erhält in Mazdāguš, Hunidāta und Akrna Opfer,

die Berge Rkava (h. KUR.[lg i]r(?) -kam-ma) und Gāvarzya (h. KUR.lg qa-mar-zí-ya) nur in Akrna,

der Berg Ariyāramna (h. KUR.lg har-ri-ya-ra-man-na) in Eyana (h. e-ya-na) und Vaiǰava,

der Berg Çīravanta (h. KUR.lg h. ši-ru-man-da) in Θimbara,

der Berg Aspafraϑana (h. KUR.lg áš-ba-pír-ra-sa-na) in Visāra

und die Berge Saki (KUR.lg šá-ki) und Axšaina (h. KUR.lg d. ak-še(?)-na) in Kaftariš (h. qa-ap-tar-ri-iš).

Von den Flüssen erhalten Opfer:

der Fluß Mariš (d. mar-ri-iš) in Mazdāguš und dem Ort Mariš, der offenbar seinen Namen nach ihm erhalten hat,

der Fluß Ahinharšda (a-hi-in-har-iš-da) in Vaiǰava,

der Fluß Hubaudiš (hu-bu-ti-iš, A. lg ú-b[u-ti-iš]) in Kaftariš und Vanta (h. man-da)

und die Flüsse Ranakara (h. A.lg ra-an-na-kar-ra) und Çaušāniš (h. A.lg šá-u-šá-nu-iš) ebenfalls in Vanta.

Die Verehrung von Bergen und Flüssen als Gottheiten ist also nur im Verwaltungs-Bezirk IV aufzuzeigen, in dem auch ausschließlich die bisher genannten iranischen Gottheiten anzutreffen waren. Letztere sind zu ergänzen durch einige wenige weitere, die ihrerseits auf den Verwaltungs-Bezirk V (nordwestlich von Persepolis) beschränkt sind:

h) *Miždušīš (d. mi-iš-du-ši, d. mi-iš-du-ši-iš)*

Diese Schicksalsgöttin, die nach I. Gershevitch[19] der im Awesta auftretenden Aši entspricht und als solche den Menschen zu Wohlstand verhilft, ist erstaunlicherweise nur in zwei Orten belegt, in Umpura (h. um-pu-ra-nu-iš) und Brδatka (h. pír-da-ut-kaš, h. pír-ti-ut-kaš). Beide Orte sind Poststationen, die sich im letzten Abschnitt der Straße Persepolis — Susa befinden, bevor diese das Gebiet der Elymais erreicht.

[19] Gershevitch a.O. 174; Hinz a.O. 168; Koch (o. Anm. 3) 90f.

Die Opfer scheinen auch nicht regelmäßig vorgenommen worden zu sein, sondern wurden wohl nur einmal jährlich im Rahmen eines besonderen Opferfestes, eines *bagaδauçya- (d. ba-qa-da-u-ši-iš und Varianten)[20], gefeiert. Die hierfür gewährten Zuteilungen an Gerste wurden anschließend von den Arbeitern verzehrt.

i) *Θaigračiš (d. sa-a-kur-zí-iš)*

Der 3. Monat genoß offenbar nur in Umpura göttliche Verehrung. Dort wurde für ihn zusammen mit Miždušīš das eben erwähnte Opferfest gefeiert.

j) *Brtakāmya (d. bìr-da-qa-mi-ya)*

Ein weiterer, wohl iranischer Gott, dessen Name vielleicht »Wunscherfüller« bedeutet[21], begegnet auch nur äußerst selten und mit sehr geringen Opfermengen. Er wird nur in Vanta und Kirra (h. kur-ra) genannt. Vanta gehört wohl verwaltungstechnisch zum Bezirk IV; es war aber eine wichtige Weinzentrale, von der aus auch mehrere Orte im Bezirk V versorgt wurden. So wird auch der Wein für das Brtakāmya zu Ehren veranstaltete *bagaδauçya von Vanta nach Kirra geliefert. Die Einrichtung dieses speziellen Opferfestes ist ihrerseits auch nur in den eben genannten Orten nachzuweisen (Umpura, Vrataka, Brδatka und Kirra). Sie war also auf den westlichen Teil von Verwaltungs-Bezirk V beschränkt, so daß man den Eindruck gewinnt, daß sie ihre Wurzeln in lokalen Traditionen hatte.

3. Elamische Götter

Ganz deutlich sondert sich das Gebiet der Elymais in seinen Kulten von dem persischen Bereich ab. Wie bereits oben erwähnt, ist das lan-Opfer nur in den Orten Hidali und Geϑat belegt, aber auch dort nur an der Seite anderer Götter.

[20] ElW 142.
[21] Hinz a.O. 68; Koch a.O. 93 f.

a) *Humban (d. hu-ban)*

Die Verehrung des obersten elamischen Gottes ist, wie zu erwarten, in der Elymais weit verbreitet. Er ist in zahlreichen Belegen in Tašpak (h. taš-pa-ak, h. taš-pa-ik) anzutreffen, außerdem in Ibāta (h. i-ba-at, h. hi-ba-at, h. i-ba-ad-da), Palak (h. pa-la-ik), Zulušuna (h. su-lu-šu-na) und Hazur (h. ha-su-ir). Darüber hinaus mag er sich noch in vielen Fällen hinter der Formulierung »für die Götter« verbergen, die recht häufig vorkommt. In einem Fall, einem Beleg aus der Nähe von Zila-Humban (h. zí-la.hu-ban, h. zí-la-ban, h. zí-la.um-ban), ist die Formulierung näher aufgeschlüsselt, und dort werden Adad und Humban genannt.

Vereinzelt wird Humban auch außerhalb der Elymais verehrt, so in Hibarš (h. hi-ba-ri-iš), das in Bezirk III liegen wird, in Nikšama (h. nu-ik-šá-ma) und Vanta in Bezirk IV und in Brδatka, Umpura und Vrataka (h. ú-ra-tuk-kaš) in Bezirk V. Die letztgenannten Orte liegen alle im westlichen Teil ihrer Verwaltungs-Bezirke, am Übergang von persischem in elamisches Gebiet, so daß sich daher der elamische Einfluß erklären läßt. Dieser drückt sich indessen nur in der Verehrung von Humban aus, andere elamische Gottheiten treten nicht auf.

b) *Napiriša (d. na-pír ir-šá-ir-ra, d. na-pír-šá-ra, DINGIR.GAL)*

Ursprünglich handelte es sich hierbei anscheinend um einen Tabu-Namen, der »große Gott«, für Humban. Im Laufe der Zeit hat sich daraus dann offenbar die Vorstellung einer zweiten, unabhängigen Gottheit entwickelt[22]. In der Elymais ist er zur Achämenidenzeit in Hidali, Zila-Humban und einem Ort bei Pitava (h. pi-ud-du-ma) belegt. Darüber hinaus hat er noch eine Gruppe von Verehrern in Bezirk IV, und zwar in den Orten Raznavatīš, Eyana, Mazdāguš und Akrna. Sonst tritt er nicht auf.

c) *Tigraka (ti-ak-ra-kaš, h. ti-ig-rák-kaš) und Āpidāna (h. ha-pi-da-nu-iš)*

Beide zusammen begegnen als Opferempfänger in Geϑat und Pitava, nur Tigraka (zusammen mit weiteren Gottheiten) in einem nicht genauer zu lokalisierenden Ort derselben Gegend. Es ist sehr fraglich, was mit diesen beiden Opferempfängern gemeint ist. Es gibt zwar einen Ort Tigraka, doch liegt der in Bezirk IV, offenbar recht weit entfernt von den

[22] Koch a.O. 105ff.

Orten, in denen die Opferzuteilungen in Empfang genommen werden. Es ist daher unwahrscheinlich, daß dieser Ort von drei entfernt liegenden Orten in der Elymais — und nur von ihnen — göttlich verehrt worden sein und Opfer erhalten haben sollte.

Āpidāna bezeichnet vermutlich ein Reservoir oder Vorratslager[23]. Es wäre denkbar, daß man an solchen Stellen den dort hausenden Göttern für Wohlstand und Fruchtbarkeit Opfer dargebracht hätte. In einem solchen Kontext müßte dann auch die Bedeutung von Tigraka zu suchen sein[24].

d) *Zizkirra (d. zí-iz-kur-ra)*

Dieser sonst unbekannte Gott tritt nur ein einziges Mal in Pumuma (h. pu-mu-ma) auf.

e) *d. an(?)-tur-za*

Diese Gottheit ist bisher als iranisch *ātrča- gedeutet worden[25]. Aus dem Kontext ist jedoch zu ersehen, daß der Beleg aus rein elamischem Gebiet stammt, und dort wäre nach allem, was wir bisher gesehen haben, eine iranische Gottheit ein absoluter Fremdkörper. Außerdem soll die Opferspende in sechs kušukum dargebracht werden, dem typischen elamischen Opfer, auf das gleich noch einzugehen sein wird.

f) *Napazapa (d. na-ab-ba-zab-ba)*

Eine weitere Gottheit, deren Name elamisch klingt, ist nur ein einziges Mal und weit entfernt von der Elymais erwähnt. Der Beleg stammt aus Tigraš (h. ti-ig-ráš) in Bezirk III. Napazapa wird dort zusammen mit dem babylonischen Wettergott Adad verehrt.

g) *Das kušukum-Opfer*

Am verbreitetsten war indessen in der Elymais eine bestimmte Opferart, die weit häufiger als alle Götternamen genannt wird, das kušukum (h. ku-šu-kúm). Man kann es praktisch als elamisches Gegenstück zum iranisch

[23] Hinz a.O. 32; ElW 619.
[24] s. H. Koch, ZA 77,2, 1987, 267f.
[25] Gershevitch a.O. (o. Anm. 14) 166; Hinz a.O. 48; Koch a.O. 95f.

geprägten lan-Opfer bezeichnen. Außerhalb der Elymais ist das kušukum nur ein einziges Mal anzutreffen, in Krpun (h. kur-pu-un) im Bezirk III. In der Elymais dagegen ist es fast überall zu finden. Belegt ist es in den Orten Hidali, Geϑat, Pumuma, Atabe (h. ad-da-be), Zila-Humban, Pitava und einem Ort in der Nähe, einem weiteren nicht genau zu lokalisierenden Ort, in Tašpak und einem Ort in seiner Nähe.

Mit diesem kušukum wird offenbar, wie auch beim lan-Opfer, eine bestimmte Gottheit (oder auch mehrere) angesprochen, denn es steht in Aufzählungen gleichberechtigt neben Götternamen. In anderen Zusammenhängen gewinnt man indessen den Eindruck, daß auch eine Örtlichkeit gemeint sein könnte, an der dieses Opfer durchgeführt wurde. Dafür spricht auch das Ortsdeterminativ h., das vorangesetzt wird. Vermutlich war der Gebrauch schwankend. Ob Kultstätte oder Opferart, eindeutig war für einen Elamer in jedem Falle, an wen sich diese Verehrung richtete. Deshalb hielt es leider auch kein Schreiber für nötig, eine nähere Erläuterung hinzuzufügen. Zurückgehen wird das kušukum auf das altelamische Schlachtopfer gušum (gu-šum). Und in der Tat treffen wir im Zusammenhang mit dem kušukum auf einen seltsamen Sachverhalt.

Bei allen bisher besprochenen Opfern, für welche Gottheit sie auch bestimmt waren, handelte es sich stets um Gaben an Gerste oder Mehl, Wein oder Bier oder auch an Früchten. Etwas anderes wird von der Verwaltung auch den elamischen Göttern nicht zugestanden. Doch kommt es bei dem kušukum — und teilweise auch bei den mit ihm gemeinsam berücksichtigten Gottheiten wie Adad, Napiriša, Tigraka und Āpidāna — immer wieder vor, daß die Priester oder sonst für die Opferausführung Zuständigen die erhaltene Gerste aufsparen, um sie dann gegen Kleinvieh einzutauschen. Offenbar war auch in der Achämenidenzeit das Tieropfer noch immer ein wichtiger Bestandteil des kušukum-Opfers. Daß man in den Besitz der zu opfernden Tiere allerdings nur auf dem Tauschwege kam, und zwar in *allen* Fällen, zeigt auf der anderen Seite deutlich, daß derartige Opfer von der Regierung nicht vorgesehen waren. Sie gab grundsätzlich nur Gerste/Mehl, Wein/Bier oder Früchte für Opferzwecke aus.

Außerhalb der Elymais ist ein kušukum-Opfer nur ein einziges Mal belegt, und zwar in Krpun in Bezirk III. Dort wird aber nur Wein als Opferspende (δauça) ausgegeben.

4. Babylonische Götter

Soweit erkennbar, findet sich nur der babylonische Wettergott Adad unter den Gottheiten, die von der Verwaltung Zuteilungen für Opfer erhalten. Er genießt aber in der Elymais etwa dieselbe Verehrung wie der oberste elamische Gott Humban. Er tritt ebenso häufig auf, oft sogar mit Humban gemeinsam[26]. Lokalisieren läßt sich sein Vorkommen in Hidali, Geϑat, Pitava und einem Ort bei Zila-Humban. Außerhalb der Elymais ist er indessen nur einmal in Tigraš in Bezirk III anzutreffen.

Es wird also deutlich, daß sich die Elymais in ihrer Götterwelt und in ihren Opferbräuchen von den persischen Gebieten absetzt.

5. Die Priester

Die im voraufgehenden gemachten Beobachtungen über die Verteilung und lokale Konzentration der Verehrung bestimmter Gottheiten spiegelt sich auch im mehr oder weniger häufigen Auftreten der verschiedenen Priesterbezeichnungen wider. Insgesamt wird sechs Titel belegt, die aber auch miteinander kombiniert sein können:

a) Der allgemeine elamische Ausdruck für Priester, šatin (šá-tin, d. šá-tan, hh. šá-hi-tin).
b) Der Magier, ap. maguš (hh. ma-ku-iš).
c) Der Feuerschürer, ap. *ātrvaxša- (d. ha-tur-ma-ak-šá, hh. an-tar-ma-šá, d. ha-tar-ma-ak-šá, d. ha-tar-mak-šá, hh. ha-tur-ma-ik-šá, ha-tur-mak-šá), der wohl speziell als zoroastrischer Priester anzusehen ist.
d) Der *āϑravapatiš (hh. ha-tur-ma-bat-ti-iš, at-ru-bat-ti-iš, hh. ha-tar-ma-bat-ti-iš, hh. ha-tar-ru-bat-ti-iš, hh. ha-tar-ru-ma-bat-ti-iš, ha-tur-ru-bat-ti-iš), ein »Oberpriester«, der bisher aber nicht in kultischem Zusammenhang zu fassen ist.
e) Der Kultopfer-Zelebrierer, lan.lirira (d. la-an.li-ri-ra), ein elamischer Ausdruck, der sich in achämenidischer Zeit auf Leute bezieht, die speziell das lan-Opfer durchzuführen haben.
f) Der *framazdā (pír-ra-ma-iz-da), vermutlich ein Mann, der die religiösen Gesänge beherrscht.

Diese Titel geben immer schon einen Hinweis, für welchen Kultbereich der jeweilige Priester zuständig ist. Ein *nur* als *ātrvaxša bezeichneter

[26] s. oben unter Humban.

Mann ist allein und ausschließlich für das lan-Opfer verantwortlich, wiederum ein Anhaltspunkt dafür, daß es sich dabei um das offizielle Opfer für Ahuramazdā handelte. In dem Bezirk I (Persepolis und Umgebung) treten somit auch nur als *ātrvaxša bezeichnete Priester auf mit einer einzigen Ausnahme in Pasargadae, wo ein šatin Zuteilungen »für die Götter« erhält.

Aus Bezirk II (Schiras und Umgebung) fehlen Belege mit Priestertiteln.

Im Bezirk III (südöstlich von Persepolis) ist der Titel *ātrvaxša ebenfalls häufig anzutreffen, hinzu kommen etliche Magier, die oft zusätzlich lan.lirira genannt werden. Hiermit wollte man offensichtlich betonen, daß der betreffende Magier auch die Berechtigung hatte, das offizielle Kultopfer auszuführen. Auch in Bezirk III begegnet nur ein einziger šatin. Er wird im Zusammenhang mit dem kušukum-Opfer in Krpun genannt.

Im Bezirk IV (west- und südwestlich von Persepolis) ist wiederum der Titel *ātrvaxša der häufigste. Hier trägt mehrfach ein und dieselbe Person sowohl den Titel *ātrvaxša als auch den Titel maguš. Dies trifft besonders zu für die Orte, in denen auch noch Flüsse und Berge göttlich verehrt werden. Daß man es für nötig befand, den Betreffenden *beide* Titel zu geben, mag deutlich zeigen, daß ein Magier und ein Feuerschürer von Hause aus eben für verschiedene Kultbereiche zuständig waren. In zwei Fällen hat ein Magier zusätzlich den Titel *framazdā, einmal steht der Titel allein. In allen drei Belegen handelt es sich um die Verehrung von altiranischen bzw. medischen Göttern: in Hvatāraka von Δrva und den Visai Bagā, in Krkaraxā von Δrva und in Kundruš von Hvarira.

Der Titel šatin begegnet im Bezirk IV insgesamt nur dreimal, davon zweimal für dieselbe Person. In Pavastavāna bekommt ein šatin Zuteilungen für lan, Spantaragrδya und eine Gottheit, deren Name nicht mehr zu lesen ist. Vielleicht hätte er zeigen können, warum hier ein šatin zuständig ist. In Raznavatīš erhält ein šatin Gaben für lan, Δrva, Hvarira, die Erde und Visai Bagā. Vermutlich handelt es sich bei der Erde (d. KI.lg) um eine elamische Gottheit. Derselbe Priester begegnet aber auch in Nikšama, wo er Opferzuteilungen für Humban bekommt. Damit wird sein Zuständigkeitsbereich deutlich.

Aus dem Bezirk V (nordwestlich von Persepolis) sind nur einige als lan.lirira bezeichnete Männer bekannt. Häufiger dagegen, besonders, wenn man die westlichen Gebiete dieses Bezirkes betrachtet, ist der Titel šatin anzutreffen. Einige von diesen Priestern bedenken auch Ahuramazdā mit Opfergaben. Der starke elamische Einfluß in diesem Bereich hat sich ja schon mehrfach gezeigt. Somit ist dort offenbar auch der elamische Priestertitel verbreiteter.

In der Elymais, dem Bezirk VI, begegnen dann nur noch in Hidali zwei Magier, die für das lan-Opfer zuständig sind. Das überrascht nicht, da ja deutlich geworden war, daß die gesamte Elymais noch von den traditionellen elamischen Kulten geprägt ist. Aber auch der Titel šatin begegnet hier nicht allzu häufig. Statt dessen läßt sich mehrfach feststellen, daß offenbar in der Verwaltung tätige Beamte, die auch sonst bekannt sind, die Kultaufgaben mit übernahmen. Dieses läßt sich indessen nur in der Elymais beobachten. Man gewinnt den Eindruck, daß es von der Verwaltung vermieden wurde, in größerem Maßstab Priester zu unterhalten, wenn diese ausschließlich den alten elamischen Kulten dienten.

Es läßt sich also festhalten, daß *nur* als *ātrvaxša bezeichnete Priester ausschließlich für das lan-Opfer zuständig waren. Magier, die noch zusätzlich den Titel *ātrvaxša, lan.lirira oder *framazdā tragen konnten, dienten altiranischen bzw. medischen Gottheiten und versahen oft auch das offizielle Kultopfer mit. Priester, die šatin genannt werden, dienen vorrangig elamischen oder auch babylonischen Göttern, können aber auch Opfer an iranische Götter vornehmen. *Nur* für einheimische elamische Kulte eingesetzte Priester gab es wohl kaum. Hier wurden die Aufgaben von Verwaltungsbeamten mit übernommen.

6. Zusammenfassung

Nachdem es gelungen ist, die vielen Hunderte an Ortschaften, die in den elamischen Verwaltungs-Täfelchen aus Persepolis genannt werden, in ein gewisses geographisches Raster zu bringen, ist es auch möglich, nähere Aussagen über die Verteilung und Schwerpunkte der Verehrung bestimmter Gottheiten im Kernland der Achämeniden zu machen.

Es zeigt sich, daß das lan-Opfer im gesamten Gebiet der Persis zelebriert wird, aber nur ausnahmsweise in der Elymais. Es ist das einzige Opfer, das so weit verbreitet ist, und auch das einzige, das nachweisbar ganz regelmäßige Zuteilungen von Seiten der Verwaltung erhält. Dieses gibt den Anlaß, in ihm das von der Regierung angeordnete Staatsopfer zu sehen. Soweit wir es den Inschriften des Dareios entnehmen können, kann dieses nur für Ahuramazdā bestimmt gewesen sein. Er war somit der Gott, der die weitreichendste Verehrung in der Persis genoß. Wie weit diese auch mit der persönlichen Überzeugung der Bevölkerung übereinstimmte, läßt sich dabei natürlich nicht sagen. Daß indessen das lan-Opfer in der Elymais bis auf zwei Orte überhaupt nicht anzutreffen ist, zeigt anderseits, daß die Durchführung des Opfers nicht auf einer Zwangsanordnung beruhte.

Daneben tritt noch eine ganze Reihe an iranischen Gottheiten auf, doch ist ihre Verehrung landschaftlich ganz eng begrenzt. Keine von ihnen hat überregionale Bedeutung. Sie sind vor allem im Verwaltungs-Bezirk IV anzutreffen und auch dort jeweils nur in kleineren Regionen. Zu nennen sind die Visai Bagā, Δrva, Hvarira, Naryasanga, Rδanafravartiš und Spantaragrδya. Auch Berge und Flüsse werden nur in diesem Bezirk mit Opfern bedacht. Im Bezirk V begegnen in örtlichem Rahmen noch Miždušīš und Brtakāmya, in einem Fall auch der 3. Monat, Θaigračiš.

Ganz deutlich sondert sich das Gebiet der Elymais ab, in dem fast ausschließlich elamische Gottheiten und der babylonische Adad Verehrung finden. Charakteristisch ist das kušukum-Opfer, zu dem auch Tiere geschlachtet werden. Diese müssen allerdings immer auf verwaltungstechnischen Umwegen beschafft werden. Das Darbringen von Tieropfern ließ sich also offenbar von der offiziellen Religion her nicht vertreten.

Außerhalb der Elymais sind elamische Götter indessen nur in Ausnahmefällen anzutreffen. Humban findet Verehrung in einigen Orten des elamisch-persischen Grenzbereichs, also im westlichen Teil von den Bezirken IV und V, und in einem Fall im Bezirk III. Napiriša hat außer in der Elymais noch Anhänger in einem kleinen Gebiet von Bezirk IV. Der sonst unbekannte Gott Napazapa begegnet nur einmal in Bezirk III; dort ist auch der einzige Beleg für ein kušukum-Opfer außerhalb der Elymais zu finden.

Es lassen sich also deutlich Schwerpunkte der kultischen Verehrung bestimmter Gottheiten erkennen, und die Bedeutung des lan-Opfers hebt sich klar von den eng begrenzten lokalen, der Tradition verhafteten Kulten ab.

Legende zu den Skizzen 2-6

○	Götter	●	ātrvaxša
Ⓜ	Ahuramazdā	⬮	maguš
Ⓥ	Visai Bagā	⊗	lan.lirira
(Δ)	Δrva	⬯	framazdā
Ⓘ	Hvarira	▲	šatin
Ⓨ	Naryasanga	△	Beamter, der Opferzuteilungen erhält
Ⓡ	Rδanafravartiš		
Ⓢ	Spantaragrδya		
	Berg		
≈	Fluß		
Ⓓ	Miždušīš		
(Θ)	Θaigračiš		
Ⓑ	Brtakāmya		
Ⓗ	Humban		
Ⓝ	Napiriša		
Ⓣ	Tigraka und Āpidāna		
Ⓩ	Zizkirra		
Ⓟ	Napazapa		
Ⓚ	Kušukum-Opfer		
Ⓐ	Adad		

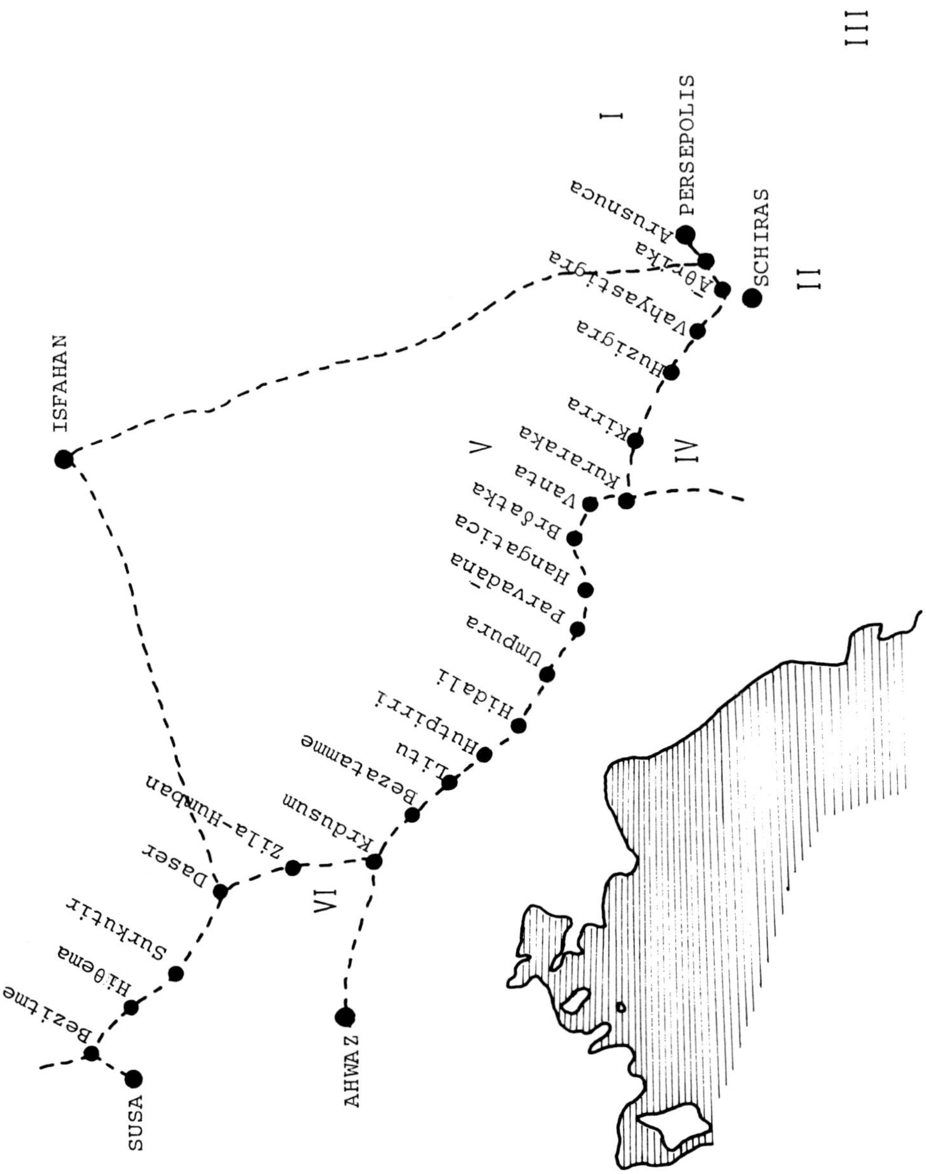

1. Der Verlauf der Poststraße von Persepolis nach Susa und die Verwaltungsbezirke

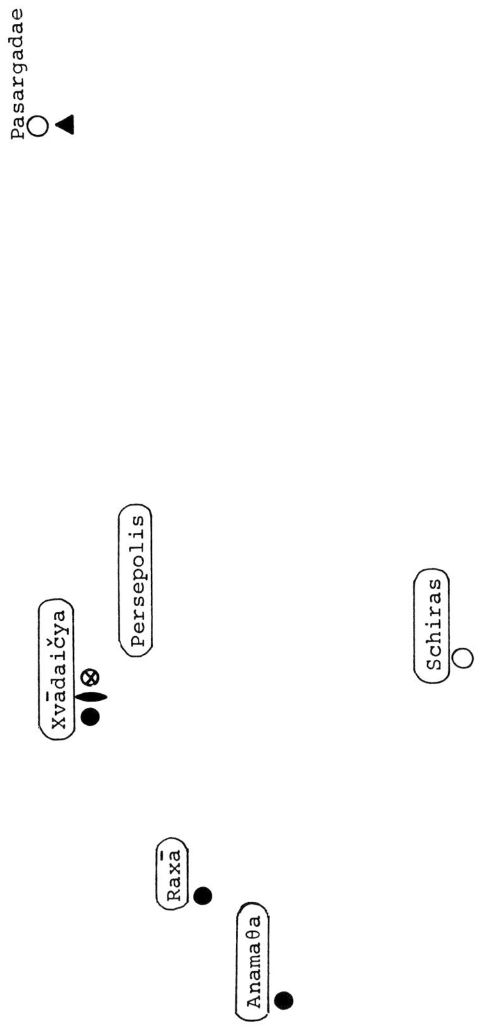

2. Verwaltungsbezirke I und II

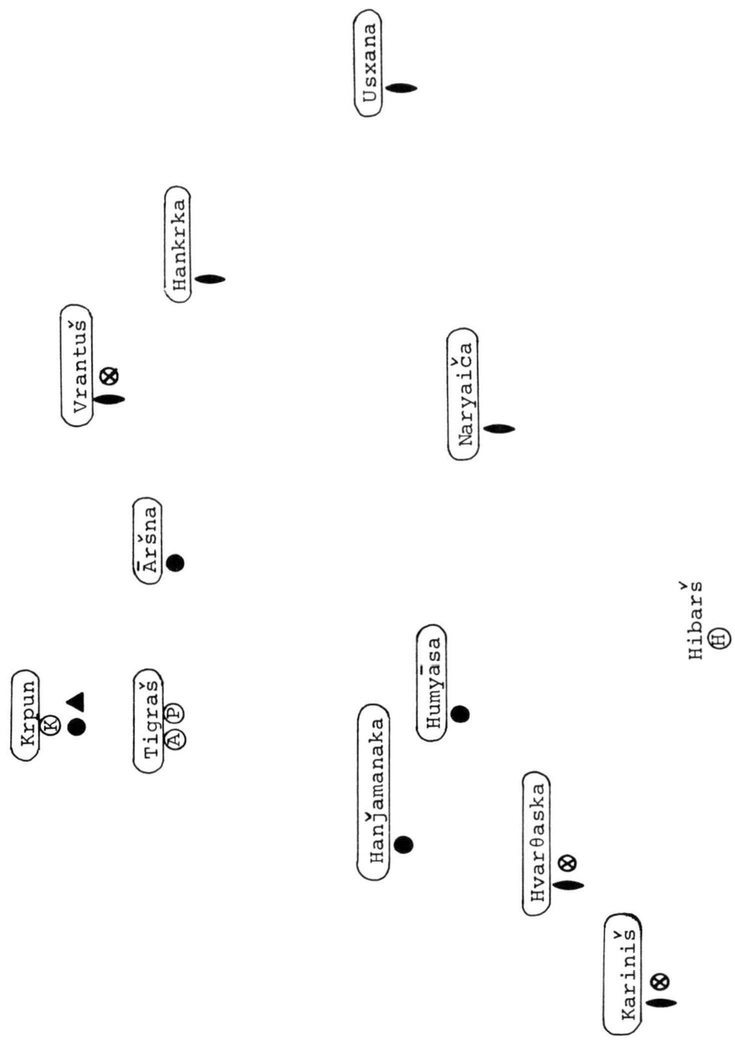

3. Verwaltungsbezirk III

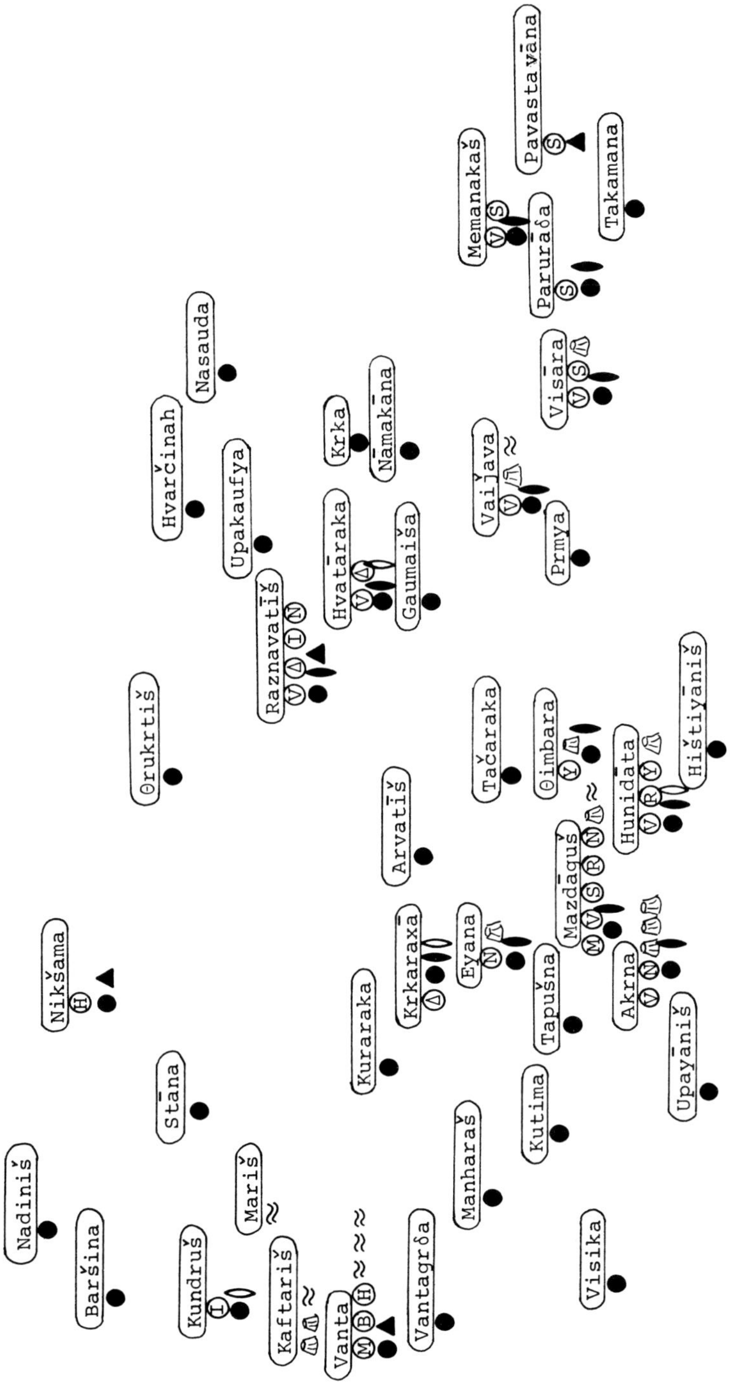

4. Verwaltungsbezirk IV

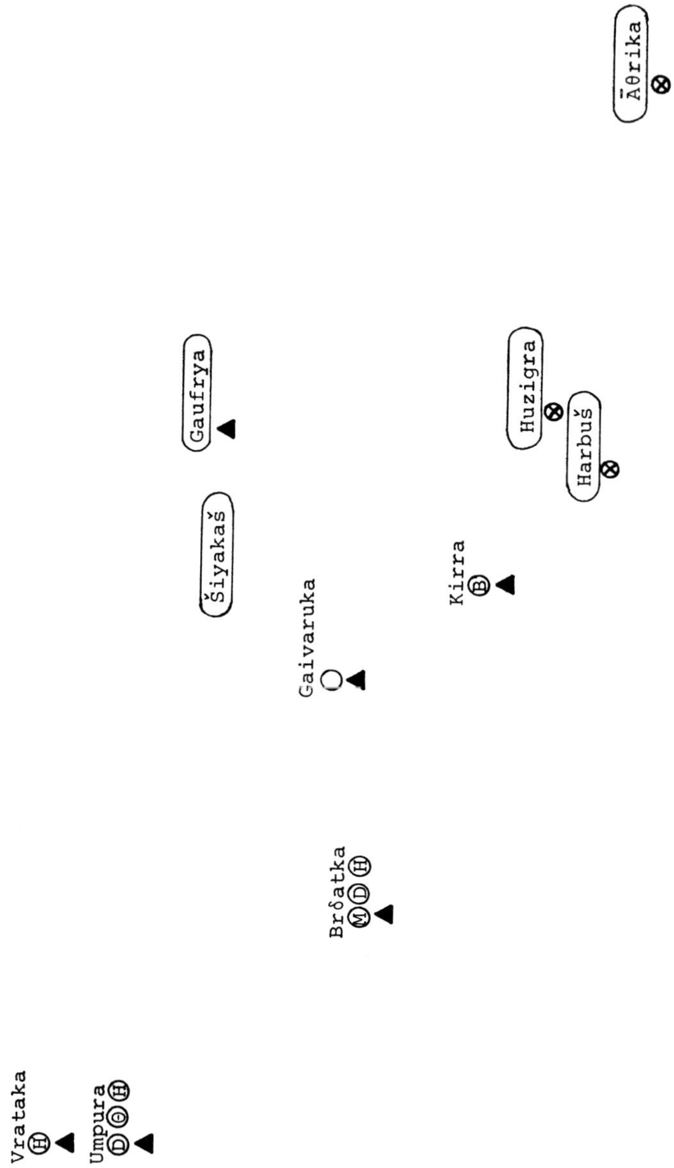

5. Verwaltungsbezirk V

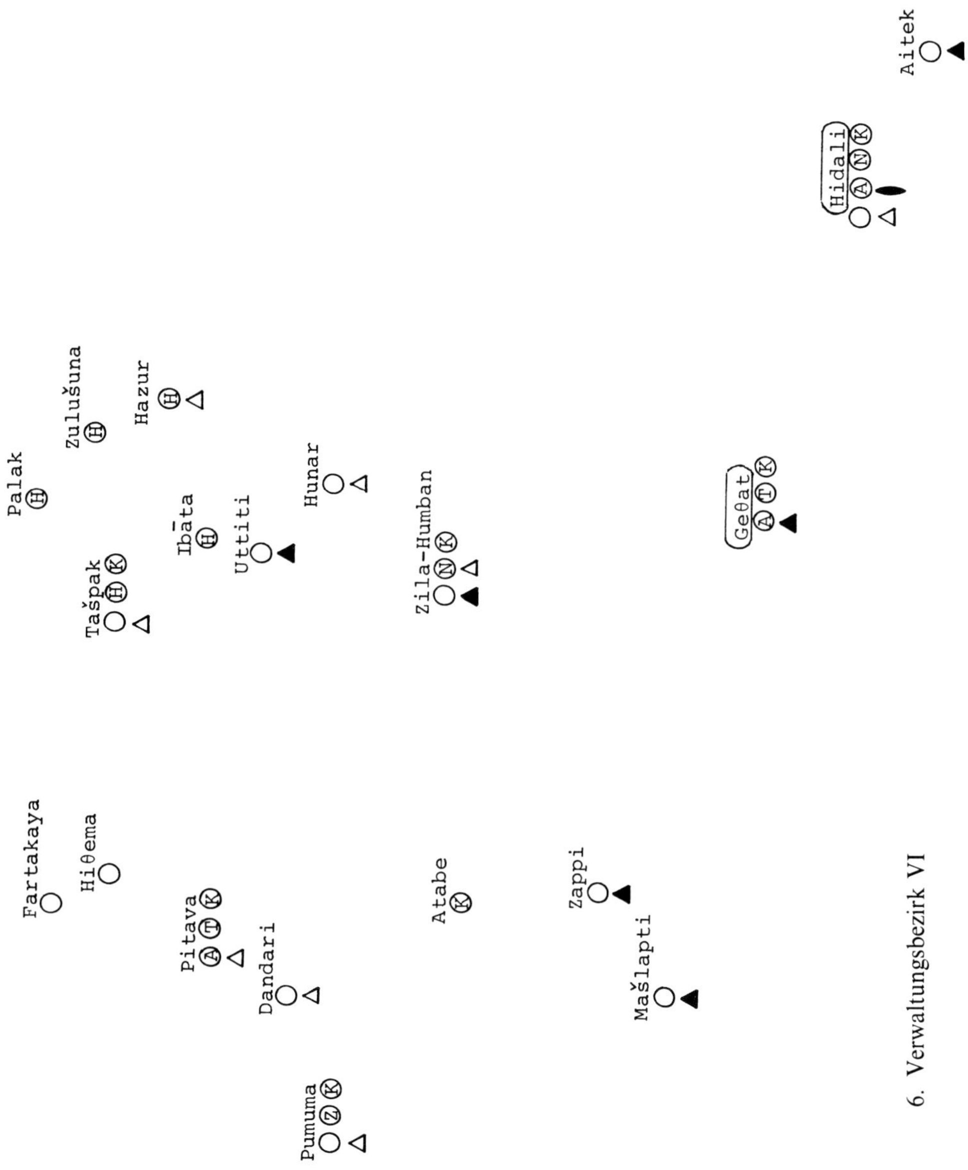

6. Verwaltungsbezirk VI

NAME UND RELIGION
Anthroponomastisches zur Frage der religiösen Verhältnisse des Achaimenidenreiches

VON

Rüdiger SCHMITT

Nach dem Willen der Organisatoren dieses Kolloquiums über die Quellen zur Religion Irans in achaimenidischer Zeit sollte es Aufgabe meines Referats sein, die bekanntlich sehr reichen Zeugnisse onomastischer Art auf diese Fragestellung hin zu analysieren. Angeregt von Titeln wie »Sprache und Religion« — von Johann Knobloch ist kürzlich das dritte Bändchen dieser Titelreihe erschienen[1] —, habe ich es unter das Motto »Name und Religion« gestellt.

Unter einem solchen Titel wäre selbstverständlich in weiter Auslegung des Themas das gesamte breitgefächerte Spektrum onomastischer Genera zu berücksichtigen gewesen. Insbesondere hätte man sich wohl darüber Gedanken zu machen gehabt, inwieweit geographische Namen, also solche von Ländern, Gauen, Städten, Dörfern, Bergen, Seen, Flüssen usw., Aussagen zu dieser Thematik gestatten. Ich will nur ein einziges Beispiel eines Namens dieser Art nennen, an dem sich dann auch gleich die spezifischen Probleme verdeutlichen lassen, die letztlich von weitreichenden religionshistorischen Schlußfolgerungen hieraus abraten: den Namen des Bergmassivs von *Bīsutūn*, der sich auf der Grundlage von Ktesias' bzw. Diodors[2] Βαγίστανον (ὄρος) und übereinstimmenden Formen bei mittelalterlichen arabischen Geographen als ursprüngliches Oronym altiran. **Baga-stāna-* ansetzen läßt. Dies dürfte als »Stätte der Götter« zu interpretieren sein, aber weil das erste Element dieses Kompositums nach den alten indoiranischen (und indogermanischen) Wortbildungsregeln in der numerusindifferenten Stammform **baga-* erscheint, mag man es auch als »Stätte des Gottes schlechthin« verstehen und sich dafür auch noch auf die Angabe des griechischen Historikers stützen, daß

[1] Johann Knobloch, Sprache und Religion. I-III, Heidelberg 1979, 1983, 1986.

[2] Diodor 2,13,1 πρὸς ὄρος τὸ καλούμενον Βαγίστανον; für die Anfangskapitel des 2. Diodor-Buches sind bekanntlich die *Persiká* des Ktesias eine Hauptquelle.

dieses Βαγίστανον ὄρος, wie es in interpretatio Graeca dort heißt, ἱερὸν Διός »dem Zeus heilig«, also wohl ein Kultplatz des obersten Iraner-Gottes Ahura Mazdā gewesen sei. Daß dieser Name aber nun irgend etwas für die religiösen Verhältnisse gerade der Achaimenidenzeit aussagt, für die er (zufällig) zuerst (indirekt) bezeugt ist, wage ich zu bezweifeln, weil wir keinerlei Indiz dafür haben festzustellen, wie alt dieser Name ist und wann er (unter welchen Voraussetzungen und aus welchen Motiven) geprägt wurde. Da der Berg von Bīsutūn in Medien liegt, wird man in erster Linie an die Meder als Namengeber denken[3], in deren nordwestiranischer Sprache der Name nach all dem, was über sie bekannt ist, ebenso heißen mußte wie im südwestiranischen Persischen, so daß alles doch eher dafür spricht, daß die Perser in achaimenidischer Zeit diesen älteren, vor-achaimenidischen, medischen Namen einfach übernommen haben.

Bei weiterer Auslegung des Begriffs »Name« würden vielleicht auch die Monats»namen« mit einzubeziehen gewesen sein, obwohl diese von den Sprachwissenschaftlern ihrer Bezeichnung Monats»name« zum Trotz gewöhnlich als Appellativa aufgefaßt werden. Von den verschiedenen Kalendern bzw. Monatsnamensystemen, die im Achaimenidenreich in Texten bezeugt sind, stellen sich sowohl der alte babylonisch-assyrische wie auch der weitgehend damit übereinstimmende aramäisch-hebräische Kalender oder der erst aus den Persepolis-Täfelchen besser bekanntgewordene alte elamische Kalender als für unsere Fragestellung irrelevant heraus[4]. Anders steht es dagegen mit dem altpersischen Monatsnamensystem: Darin kommen für den 7. bzw. 9. Monat des Jahres Bezeichnungen wie ⟨b-a-g-y-a-d^{i}-i-⟩ / Bāgayādi-/ und ⟨a-ç-i-y-a-d^{i}-i-y-⟩ /Āçiyādiya-/ vor, in denen deutlich die Wurzel altpers. *yad* »verehren, opfern« enthalten ist. Obgleich die beiden Formen mit verschiedenen Suffixen und auch sonst in unterschiedlicher Weise, nämlich einmal mit, einmal ohne Vr̥ddhi-Dehnstufe gebildet sind, so liegen ihnen doch zwei ganz parallele Appellativa zugrunde, **bagayāda-* »Götterverehrung« bzw. **āçiyāda-* (< **āç-yāda-*) »Feuerverehrung«. Derartige Namen besitzen für den

[3] So auch, aus ganz anderen Gründen, Mary Boyce, A History of Zoroastrianism. II, Leiden/Köln 1982, 21 f.

[4] Auch von den einheimischen Monatsnamen der Lyder sind einige inschriftlich bezeugt; sie bleiben in vielfacher Hinsicht problematisch (und für unser Thema unergiebig).

Religionshistoriker natürlich unbestreitbar höchstes Interesse. Aber bei näherem Hinsehen stellen sich nicht nur speziellere Probleme wie etwa die Frage, worauf denn **baga-*[5] hier ziele, ob *Bāgayādi-* nun ursprünglich der »Monat der Götterverehrung« (ganz allgemein) gewesen sei oder der eines Kultfestes zu Ehren des Gottes katexochen (als den man Ahura Mazdā und, häufiger noch, Miϑra betrachtet) oder vielleicht gar zu Ehren der wohl aus dem alten gemeinindoiranischen Pantheon überkommenen Göttergruppe der »Allgötter«[6], der **Visai̯ Bagā* oder, vedisch ausgedrückt, *Víśve Devā́ḥ*?

Vor allem aber verlangt die ganz prinzipielle und fundamentale Frage eine Antwort, inwiefern diesen Namen Relevanz zukommt hinsichtlich der religiösen Verhältnisse des Achaimenidenreiches zur Zeit des Dareios, in der sie belegt sind. Auch hier ist wieder zu sagen, daß uns jegliche sichere Erkenntnis über das Alter und die Entstehungszeit dieser Bezeichnungen fehlt und auch über die genaue räumliche Herkunft und über die Namengeber nichts bekannt ist. Allein wegen des Nebeneinanders unterschiedlicher, teilweise religiöser, öfters aber mehr oder minder eindeutig landwirtschaftlich-jahreszeitlich bedingter Benennungsmotive für die einzelnen Monatsnamen gilt dieses altpersische Monatsnamensystem als sehr alt[7]. Es muß aber nachdrücklich vor anachronistischen Projektionen der darin enthaltenen Aussagen auf die Ebene gerade der Dareioszeit gewarnt werden. Auch wenn die Perser, wie sich aus den Datierungsgleichungen der drei Versionen des Bīsutūn-Textes ergibt, das altehrwürdige, sehr komplizierte System des babylonischen Mondkalenders übernommen und bloß hinsichtlich der Monatsnamen geändert haben, so erlaubt dies keine zeitliche Festlegung für die Prägung der Namen als solcher, da diese schon vorher in einem anderen System oder in einem anderen Zusammenhang (z.B. als Namen bestimmter Feste) existiert haben können. Im übrigen erscheint es auch möglich, daß das babylonische System den Persern schon vor der eigenen Reichsgründung unter Kyros II. durch Vermittlung etwa der Elamer oder der Meder bekanntgeworden war.

[5] Von einzelnen Forschern wird übrigens jeglicher Zusammenhang des Monatsnamens mit Religiösem bestritten und statt dessen eine Verbindung mit **bāga-* »Ackerland o.ä.« (vgl. mittel-, neupers. *bāγ* »Garten«) vorgezogen (so z.B. Boyce, a.a.O., 24), bei der sich dann jedoch Schwierigkeiten mit dem Verständnis von *yad* ergeben.

[6] Vgl. ausführlich Rüdiger Schmitt, Indoiranische Philologie und Sprachwissenschaft, in: Linguistica e Filologia. Atti del VII Convegno Internazionale di Linguisti, Brescia 1987, 131-150, v.a. 138-146, speziell 144 ff.

Und auch wenn die beiden genannten Namenformen deutliche altpersische Dialektmerkmale in sich tragen — *yad*, nicht *yaz*, und **āç-*, nicht **āϑr-* —, so ist selbst dies kein definitiver Beweis für ihre Entstehung in der Persis, da sie wie eine Reihe anderer nicht-persischer iranischer Namenformen — ich denke da an einige geographische Namen der achaimenidischen Länder-bzw. Völkerlisten — bei der Übernahme in das Altpersische umgebildet, lautgeschichtlich-etymologisch korrekt umgebildet worden sein können, da sich also nicht ausschließen läßt, daß etwa *Bāgayādi-* nur aus med. **Bāgayāzi-* persianisiert ist.

Namen solcher Art, die schon die beiden entscheidenden Kernpunkte vor Augen geführt haben, um die es hier jeweils gehen muß, nämlich einmal die Aufhellung der Entstehungszeit und zum anderen die Klärung der »Motivation« der betreffenden Namengebung, sollen hier aber nicht weiter untersucht werden, ebensowenig die Namen der Götter selbst und der sonstigen elementaren oder abstrakten »Bewohner« des Pantheons. Ich will mich im Folgenden, wie durch den Untertitel des Referats bereits angedeutet, auf die Anthroponyme, und zwar auf die iranisch-sprachigen Anthroponyme der Achaimenidenzeit beschränken, aus denen man immer wieder Schlüsse auf die religiösen Verhältnisse zu ziehen versucht hat, obwohl z.B. Walther Hinz ausdrücklich einschränkte, daß »das Namengut der alten Perser ... nur bedingt religiös gefärbt gewesen« sei[8]. Die Ergebnisse, zu denen man bei der Analyse hauptsächlich der theophoren Personennamen kam, gingen aber sehr weit auseinander. Während Mary Boyce in dem reichen Namenmaterial der elamischen Persepolis-Täfelchen theophore Namen zarathustrischen Charakters aufspürte[9] und als Stütze für den postulierten Zarathustrismus der Achaimeniden betrachtete, haben andere Forscher nach der Untersuchung dieser etwa 2000 Personennamen zurückhaltender geurteilt und hat z.B. Manfred Mayrhofer expressis verbis eingestanden, daß dieses persepolitanische Namengut »zur Lösung einer so kontroversen Problematik nicht genügend beitragen« könne[10].

[7] Vgl. etwa V.I. Abayev, The Names of the Months in Ossetic, in: W. B. Henning Memorial Volume, London 1970, 1-7, v.a. 6f.; Boyce, a.a.O., 23-25; dies., Vol. I, Leiden/Köln 1975, 172.

[8] Walther Hinz, Darius und die Perser. Eine Kulturgeschichte der Achämeniden. II, Baden-Baden 1979, 215.

[9] Boyce, a.a.O., Vol. II, 141-144.

[10] Manfred Mayrhofer, Onomastica Persepolitana. Das altiranische Namengut der Persepolis-Täfelchen, Wien 1973, 315.

Die vor knapp einem Jahrhundert von Josef Marquart eingenommene Position, der zu den Unterschieden zwischen zarathustrischer und altpersisch-achaimenidischer Religion auch einen solchen im Nameninventar gerechnet hatte[11] — in dem (allerdings sehr begrenzten) Namenmaterial des Avesta-Corpus[12] gibt es, anders als bei den Persern (s. unten), nicht einen Namen mit dem Element *Miϑra-*, umgekehrt fand er für das Persische kaum eine Entsprechung zu den (immerhin acht) Namen mit avest. *Ātərə-* »Feuer« —, ist in gewisser Weise, unbeschadet meiner noch näher zu begründenden grundsätzlichen Skepsis gegenüber religionshistorischen Folgerungen aus dem Personennamenschatz, auch durch den immensen Zuwachs onomastischen Materials seit Beginn dieses Jahrhunderts hinfällig geworden.

Dieser Materialzuwachs betrifft in Sonderheit den Bereich der sogenannten »Nebenüberlieferung« altiranischen Sprach- und Namengutes in einer Vielzahl von Sprachen von innerhalb oder außerhalb des Achaimenidenreiches; dabei kommen, jeweils mit anderer Problematik bei der Feststellung der zugrundeliegenden originalen iranischen Wort- und Namenformen, vornehmlich Elamisch, Babylonisch-Assyrisch, Aramäisch, Hebräisch, Ägyptisch, Griechisch, Lykisch und Lydisch in Betracht, in geringerem Maße aber auch andere Sprachen[13]. Das reichste Material haben unzweifelhaft die in den dreißiger Jahren ausgegrabenen elamischen Buchungstäfelchen aus Persepolis und damit aus dem Zentrum des Reiches selbst — wie ihr erster Bearbeiter Emile Benveniste mit Recht betont hat[14] — in einer bis heute nur zu einem Teil erschlossenen (und erschließbaren) Fülle geliefert, die sogenannten Schatzhaus-Täfelchen aus den Jahren 492-458 v. Chr. (30. Regierungsjahr Dareios' I. bis 7. Jahr Artaxerxes' I.) und, weit mehr noch, die sogenannten Hofkammertäfelchen oder Fortification Tablets aus der Zeit unmittelbar davor (Jahre 13-28 Dareios' I. = 509-494 v. Chr.). Knapp 2000 Personennamen dieser Provenienz enthält das Glossar in Richard T. Hallocks Monumentalausgabe der »Persepolis Fortification Tablets« (Chicago 1969, v.a. 664-776);

[11] J. Marquart, Die Assyriaka des Ktesias, Göttingen 1893, 532 m. Anm. 97.

[12] Dazu vergleiche Manfred Mayrhofer, Iranisches Personennamenbuch. I/1: Die avestischen Namen, Wien 1977.

[13] Zur Rolle der Nebenüberlieferung des Altpersischen vgl., mit summarischen Literaturhinweisen, Rüdiger Schmitt, Die Altpersisch-Forschung in den Siebzigerjahren [sic!], Kratylos 25, 1980 [1981], 1-66, v.a. 23-26.

[14] E. Benveniste, Titres et noms propres en iranien ancien, Paris 1966, 76.

darüber hinaus hat das Wort- und Namengut weiterer 2500 von Hallock umschriebener, aber noch unedierter Täfelchen Eingang gefunden in das soeben erschienene »Elamische Wörterbuch« von Walther Hinz und Heidemarie Koch (Berlin 1987), das der Beschäftigung mit diesem Nebenüberlieferungsstrang gewiß neue Impulse verleihen wird und in dem sich neben zahlreichen neuen Belegen und Schreibvarianten bereits bekannter Namen einige bemerkenswerte völlig neue theophore Eigennamen finden mit Elementen wie **Ātr̥-* »Feuer« (elam. *Ha-tur-zi-iš-šá* = **Ātr̥-čiça-*, S. 651), **R̥ta-* »Wahrhaftigkeit« (elam. *Ir-da-* ..., S. 767 ff.) und dem Theonym **Miϑra-* (etwa elam. *Da-ad-da-mi-ut-ra*, samt Varianten, = **Dāta-miϑra-*[15], S. 247, 261, 298, und *Zi-ut-ra-mi-ut-ra* = **Čiϑra-miϑra-*[16], S. 1307).

Besonders weit verbreitet sind unter diesen Personennamen theophoren Charakters solche, die den Namen des Gottes **Miϑra-* enthalten, dessen Popularität man in den vielen Namen widergespiegelt sah[17]: Für die achaimenidische Zeit hatte eine früher unternommene Sammlung der »*Miϑra*-phoren Personennamen« in elamischen, babylonischen, aramäischen, hebräischen, lykischen, lydischen, griechischen und lateinischen Quellen bereits die beachtliche Zahl von über achtzig prosopographisch distinkten Trägern solcher Namen ergeben[18]. Diese meine bis 1975 leidlich vollständige Zusammenstellung[19] hat mittlerweile durch Neufunde bzw. neuere Editionen Zuwachs erhalten, insbesondere vonseiten der elamischen Persepolis-Täfelchen aufgrund des »Elamischen Wörterbuches« (s. oben). Einiges Interesse scheint mir in diesem Zusammenhang aber auch das Fragment eines aramäischen Papyrus aus Nord-Saqqâra zu verdienen (Nr. 50 Segal[20]), in dem in Zl. 3 zwei Brüder mit den Namen

[15] Der Name war bisher nur als aram. *Dtmtr* bekannt; vgl. Rüdiger Schmitt, Die theophoren Eigennamen mit altiranisch **Miϑra-*, in: Études Mithriaques (= AcIr 17), Leiden usw. 1978, 395-455, v.a. 404, 421.

[16] Bisher kannte man nur die Variante mit der echt-persischen Entsprechung **čiça-* als erstem Element: **Čiça-miϑra-* = griech. Σισιμίϑρης; vgl. Schmitt, ebd., 403 f., 428.

[17] Vgl. die Nachweise und Zitate bei Schmitt, ebd., 396 m. Anm. 2-3.

[18] Schmitt, ebd., 418-429 Nr. 1-85.

[19] Es fehlten dort allerdings, abgesehen von etlichen lateinischen Formen der stadtrömischen Überlieferung, aram. *Mtrš* CIS II 101 (vgl. G. R. Driver, Aramaic Names in Accadian Texts, RSO 32, 1957, 41-57, v.a. 51, mit irriger Deutung) und babylon. *Mi-it-ri-AD-u-a* (vgl. Georges Michaélidis, Quelques objets inédits d'époque perse, ASAE 43, 1943, 91-103, v.a. 99 ff. m. Taf. VI).

[20] J. B. Segal, Aramaic Texts from North Saqqâra, with some fragments in Phoenician, London 1983, 69 f.

**Spardiya-* (aram. *Sprdy*) und **Miϑra-namah-*, Nom. *°namā*[21] (aram. **Mtrnm*, bezeugt dittographisch *Mtr{tr}nm*) auftreten. Dabei kann der Name **Spardiya-*, der im wörtlichen Sinne einen »Lyder, Sardianer« bezeichnet, auf eine Herkunft der Brüder aus Lydien deuten und somit indirekt zu einem neuerlichen lydischen Zeugnis eines achaimenidenzeitlichen *Miϑra*-phoren Namens führen.

Angesichts der Fülle solcher Namen darf man allerdings nicht vergessen, daß manches der Zeugnisse aus irgendeinem Grund unklar ist oder vielleicht gar noch zu streichen sein wird und daß in manchem dieser Personennamen auch nicht das Theonym altiran. **Miϑra-* (meist übrigens in dieser nicht-persischen Form), sondern appellativisches **miϑra-* »Vertrag« oder, sofern die Entsprechung ved. *mitrá-*, mask. nicht eine indoarische Sonderentwicklung darstellt, **miϑra-* »Freund, freund« zugrunde liegen mag. Gleichwohl bleibt auch bei sorgfältigster und vorsichtigster Analyse die Zahl der sicher das Theonym **Miϑra-* enthaltenden Personennamen auffallend hoch, denn ein Zweifel kann in dieser Hinsicht nicht bestehen für Namen wie *Miϑra-dāta-* »von Miϑra gegeben«, **Miϑra-pāta-* »von Miϑra geschützt«, **Miϑra-upasta-* »mit Miϑras Beistand«, **Miϑra-farnah-* »mit Miϑras Ruhmesglanz« oder **Miϑra-yazna-* »Miϑra verehrend«[22]. Dabei wird die onomastische Analyse wesentlich erleichtert und letzten Endes definitiv gesichert durch das rein formale Kriterium, daß ganz parallel gebildete Namen, die die gleichen Kompositionsglieder oder onomastischen (z.B. hypokoristischen) Suffixe nur mit unterschiedlichen Gottesnamen verbinden, in größerer Zahl nebeneinanderstehen[23]. Ich denke da an Reihenbildungen[24] wie

**Miϑra-dāta-* :: **Miϑra-farnah-* :: **Miϑra-yazna-*
:: **Miϑra-čiϑra-* :: **Miϑra-ka-* :: **Miϑrăya-*

[21] Diese Interpretation als »Miϑra Verehrung bezeugend« steht, unter Ablehnung von Segals Vorschlag, zuerst bei Rüdiger Schmitt, Rezension von Segal 1983, Kratylos 32, 1987, 145-154, v.a. 152.

[22] Ich beschränke mich auf Beispiele aus achaimenidischer Zeit.

[23] Ähnlich argumentierten in anderem Zusammenhang u.a. schon Manfred Mayrhofer, Namen aus Persepolis und Susa, in: Mélanges linguistiques offerts à Émile Benveniste, Paris 1975, v.a. 416-418; Ph. Gignoux, Le dieu Baga en Iran, AAH 25, 1977 [1980], 119-127, v.a. 121-123.

[24] Auf Einzelnachweise sei verzichtet; alle Formen sind aus achaimenidenzeitlichen Zeugnissen bekannt.

**Mazdā-dāta-* :: **Mazdā-farnah-* :: **Mazdā-yazna-*[25]
:: **Mazdā-čiϑra-* :: **Mazdă-ka-* :: **Mazdăya-*,

denen sich dann aber auch zur Seite stellen läßt die (zufällig nicht ganz vollständige) Reihe

**Baga-dāta-* :: **Baga-farnah-* :: — :: **Baga-čiϑra-*
:: **Baga-ka-* :: **Bagăya-*.

Aber selbst im Verein mit vielen weiteren Namenparallelen wie

**Bagaina-* :: **Miϑraina-*,
**Bagina-* :: **Miϑrina-*,
**Bagāta-* :: **Miϑrāta-*,
**Baga-pāta-* :: **Miϑra-pāta-*,
Bag-uka-* :: (Miϑr-uka-* ::) **Miç-uka-*

läßt sich durch solche Reihenbildungen die Frage noch nicht endgültig klären, wie diese (schon seit ältester Zeit) zahlreichen **Baga*-Namen nun in ihrem ersten Bestandteil zu verstehen sind. Dieser kann als Appellativum **baga-* »Gott« (mit singularischer oder pluralischer Interpretation) ebenso wie als Gottesname **Baga-* = ved. *Bhága-* aufgefaßt werden; man mag sich dabei aber auch fragen, ob er nicht vielleicht — statt auf die Götter insgesamt — speziell auf die Gruppe der »Allgötter«, altpers. **Visai̯ Bagā*, zielt. Zwar hat Philippe Gignoux nachzuweisen versucht[26], daß eben dieses gerade dokumentierte Auftreten von **Baga-* in den gleichen Namenserien, in denen sich auch *Miϑra-* und *Mazdā-* finden, eindeutig darauf hinweise, daß dort weder ein Appellativum **baga-* noch ein bloßes Substitut für *Miϑra-* oder *Mazdā-* vorliege, sondern — auch wenn das Avesta-Corpus nichts von ihr weiß — eine eigenständige Gottheit altiran. **Baga-*. Doch allzuschnell sollte man diesen Tatbestand auch wieder nicht verallgemeinern, denn dies widerrät, so scheint mir, eine bemerkenswerte graphische Realisierung des ansonsten gutbezeugten Namens **Bagadāta-* auf einer spätbabylonischen Urkunde aus Ekbatana von 491/490 v. Chr. (31. Jahr Dareios' I.)[27]: Dort erscheint in Zl. 5 dieser

[25] Hierzu vgl. unten.

[26] Gignoux, a.a.O., 120-125; zuvor bereits knapp resümierend ders., Les noms propres en moyen-perse épigraphique. Étude typologique, in: Pad nām i yazdān, Paris 1979, 35-100, v.a. 88-90; und öfters. Vgl. aber Stefan Zimmer, Iran. *baga-* — ein Gottesname?, MSS 43, 1984, 187-215, v.a. 198-206; dens., Baga. iii. The Use of Baga in Names, in: Encyclopaedia Iranica. III, London/New York 1989, 405bf.

[27] Ediert von Harold G. Stigers, Neo- and Late Babylonian Business Documents from the John Frederick Lewis Collection, JCS 28, 1976, 3-59, hier S. 40, Nr. 28; dazu vgl. Ran Zadok, The Jews in Babylonia During the Chaldean and Achaemenian Periods, according to the Babylonian sources, Haifa 1979, 12 mit Addendum S. 152f.

Name mit sumerographisch geschriebenem Vorderglied als DINGIR^{MEŠ}-*da-a-ta*; diese Schreibung mit dem Pluralzeichen MEŠ läßt deutlich werden, daß der babylonische Schreiber, der da in Ekbatana am Werk war, den Namen offenbar als »von den Göttern gegeben«, also mit pluralischem Vorderglied, verstanden hat[28].

Ähnliche Fragen stellen sich übrigens auch hinsichtlich *r̥ta-*, wo es zu scheiden gilt zwischen dem abstrakten »Prinzip« der »Wahrhaftigkeit« (*r̥ta-*) und dem als Gottheit verehrten *R̥ta-*, mit dem Mary Boyce[29] die meisten der einschlägigen Personennamen in Verbindung bringen will. Aber obschon diese Vorstellung von dem vergöttlichten *R̥ta-* typisch für Zarathustras Glaubensreform ist, dürfen die Personennamen mit diesem Bestandteil *r̥ta-* / *R̥ta-* nicht unbesehen als »typisch zarathustrisch« oder, wie die britische Forscherin meint[30], »exclusively Zoroastrian« betrachtet werden. Dagegen spricht zwar nicht so sehr, daß es eine Reihe solcher Namen schon aus der Zeit gibt, als jedenfalls die westiranischen Stämme der Meder und Perser noch »Heiden« waren — nämlich unter den Medernamen der assyrischen Quellen seit dem 9. Jahrhundert v. Chr. —, aber um so entscheidender fällt ins Gewicht, daß entsprechende Personennamen mit *R̥ta-* auch für das Altindoarische nachweisbar sind, und zwar schon für die allerältesten Zeugnisse der keilschriftlichen Quellen des 2. Jahrtausends v. Chr. im Umkreis des Mittani-Reiches, für das einige Thronnamen von Königen unbestreitbar und nach dem übereinstimmenden Urteil der Spezialisten[31] in dieser Weise zu interpretieren sind: *Ar-ta-ta-a-ma* = *R̥ta-dhāman-*, Nom. °*mā* (~ ved. *r̥tá-dhāman-*), *Ar-ta-aš-šu-ma-ra* = **R̥ta-smara-*. Gerade die Beziehungen der altiranischen onomastischen Zeugnisse ebenso wie der Textaussagen des Avesta zu den im Indoarischen belegten Wortformen und Textfiguren sind es, die überzeugend auf die Herkunft des gesamten Ensembles letztlich aus gemeinindoiranischer Zeit, aus altarischer Dichtungs- und — was nicht definitiv ausgeschlossen werden kann — möglicherweise auch Namen-

[28] Darauf wurde bereits hingewiesen von Rüdiger Schmitt, Iranische Wörter und Namen im Lykischen, in: Serta Indogermanica. Festschrift für Günter Neumann, Innsbruck 1982, 373-388, v.a. 381 Anm. 55.

[29] Boyce, a.a.O., Vol. II, 142.

[30] Boyce, a.a.O., Vol. II, 141 f.; vorsichtiger äußerte sich Hinz, a.a.O., 215 f.

[31] Vgl. zuletzt Manfred Mayrhofer, Welches Material aus dem Indo-Arischen von Mitanni verbleibt für eine selektive Darstellung?, in: Investigationes philologicae et comparativae. Gedenkschrift für Heinz Kronasser, Wiesbaden 1982, 72-90, v.a. 79 § 5.1.

tradition hinweisen. Dieser Umstand beraubt die Zeugnisse der Achaimenidenzeit dann aber aus prinzipiellen onomastischen Erwägungen ihrer religionshistorischen Aussagekraft.

Bereits im Zusammenhang mit den so zahlreichen *$Mi\vartheta ra$-Personennamen war oben darauf hinzuweisen, daß es nicht an Versuchen gefehlt hat, aus der onomastischen Überlieferung religionshistorische Schlußfolgerungen abzuleiten. So hat, um nur ein Beispiel zu nennen, Walther Hinz[32] die Ansicht vertreten, daß Dareios es auf diesem Gebiet offenbar nicht vermocht habe, »seinen Persern ihre altererbte, heimliche Anhänglichkeit an diesen Heidengott auszutreiben«. Einzelne Forscher sind in dieser Richtung aber noch viel weiter gegangen, etwa Geo Widengren, der es einmal — Anlaß war auch hier *Miϑra-* — als »eine grosse und dringende Aufgabe« bezeichnet hat, »die theophoren Eigennamen neu zu sammeln, zu analysieren und religionsgeschichtlich zu verwerten«[33].

Immer wieder ist es, wie gesagt, unternommen worden, die Namenkunde in den Dienst der Religionswissenschaft zu stellen, auch und gerade in Verbindung mit den Aussagen der Persepolis-Täfelchen, auf die ich mich in der Hauptsache konzentrieren will: Da wurde selbstverständlich mit Nachdruck hervorgehoben, daß einzelne Namenelemente wie etwa **Ātr̥-* »Feuer(gott)« oder **r̥ta-* »Wahrhaftigkeit« besonders häufig und auf der anderen Seite der Name des alten indoiranischen Rauschtrankes und Kultgottes **Sau̯ma-* ⟩ altiran. **Hau̯ma-* nur ganz selten in anthroponymischer Verwendung erscheinen. Es wurde festgestellt, daß dort als Personennamen auch die alten Namen des Gottes (avest.) *Nairiiō.saŋha-* und des mythischen Urkönigs (indoiran.) **Yama-* begegnen (elam. *Na-ri-ša-an-ka* bzw. *Ya-(am-)ma-ak-še-ud-da* [samt Varianten] = **Yama-xšai̯ta-*)[34]. Auch eine Reihe von Zügen ist beobachtet worden, die der persepolitanischen Onomastik mit den Namen der ersten Zarathustra-Anhänger gemeinsam sind, deren Schutzgeister, avest. *frauuaši-* genannt, im zweiten Teil des Fravardīn Yašt (ab Yt. 13,95) verehrungsvoll angerufen werden. Manche Verknüpfung, die auf diesem onomastischen Feld hergestellt worden ist, muß aber auch als nicht haltbar angesehen werden; ich denke hier insbesondere an die mehrfach[35]

[32] Hinz, a.a.O., 216; vgl. aber bereits ebd., Band I, Baden-Baden 1976, 244f.

[33] Geo Widengren, Stand und Aufgaben der iranischen Religionsgeschichte, Numen 1,1954,47 Anm. 154 (auch selbständig: Leiden 1955, 33 Anm. 154).

[34] Vgl. Mayrhofer, Onomastica Persepolitana (s. Anm. 10), 314 § 11.6.1.

[35] Vgl. Hinz, a.a.O., Band II, 216 (wo dieser Name denn auch als »eindeutig zarathustrisch« gilt); Boyce, a.a.O., Vol. II, 142.

behauptete Beziehung des Personennamens * *Vahu-manah-*[36] (elam. *Ma-u-man-na*[37]) zu dem Gottesnamen avest. *Vohu- Manah-* »(personifiziertes) Gutes Denken«, dergegenüber die Vergleichung mit dem Personennamen ved. *Vasu-manas-* vorzuziehen gewesen wäre, gleichviel wie dieser zu interpretieren sein mag (»guten Sinnes« [?], eher wohl »den Sinn auf das Gute/auf Güter richtend« [?] o.ä.).

Bei diesen Diskussionen, die vornehmlich von Religionshistorikern oder zumindest unter dem Einfluß der Kontroverse um die Religion der Achaimeniden geführt wurden, sind die rein namenkundlichen Aspekte bislang völlig vernachlässigt worden. Mary Boyce war sich zwar der Rolle der Tradition als eines Namengebungsmotivs bewußt[38], als sie zu der onomastischen Überlieferung aus der Blütezeit des Achaimenidenreiches bemerkte: »the tendency to maintain family traditions in name-giving makes it possible to use it [scil.: dieses Namenmaterial], with caution, to throw light on the beliefs of previous generations«. Später[39] präzisierte sie dies dahingehend, daß »the established theophoric names of Persepolis bear testimony to the climate of belief prevailing in Persia in the reigns of Cambyses, Darius and Xerxes (for names given to children naturally reflect the convictions and tastes of their parents' generation)«. Aber diese Gedankengänge wurden nicht konsequent weiter verfolgt, obwohl für die frühen Zeiten — zunächst unter Kambyses II. und Kyros II., dann unter deren Vorgängern, unter dem eponymen Familienahnen *Haxāmaniš* / Ἀχαιμένης und so immer weiter zurück — im Grundsatz doch genau dasselbe gilt, nur mit der Modifikation, daß für diese Jahrhunderte der nahezu vollständige Mangel an Namenzeugnissen zu einer empfindlichen Erschwernis der Urteilsfindung beiträgt. Religionshistorische Schlußfolgerungen sind also letztlich — so muß man resümieren — nur dann erlaubt, wenn als einziges Namengebungsmotiv das (sit venia verbo) des Glaubensbekenntnisses übrigbleibt und sich alle anderen denkbaren Motivationen definitiv ausschließen lassen. Anders formuliert, heißt dies, daß sie nur dort statthaft sind, wo onomastische Primärverwendung

[36] Den gleichen Namen hat in griechischer Überlieferung (auf einer Inschrift von Magnesia am Sipylos aus der Zeit Seleukos' II. Kallinikos) als Ὠμάνης nachgewiesen Rüdiger Schmitt, Einige iranische Namen auf Inschriften oder Papyri, ZPE 17, 1975, 15-24, v.a. 23 f.

[37] Nichts hiermit zu tun hat die Form *U-man-na*.

[38] Boyce, a.a.O., Vol. II, 14.

[39] Ebd. 143.

nachzuweisen ist: Nur der erste Schöpfer eines Namens mit religiösem Inhalt hat wahrscheinlich religiöse Motive für seine Namenschöpfung gehabt, für jede spätere Verwendung aber haben möglicherweise andere Motive den Ausschlag gegeben.

Nicht ganz so strenge Maßstäbe wird man nur bei solchen Namen anlegen dürfen, die in äußerlich gleicher Gestalt auch ein bedeutungstragendes Wort darstellen, das in normaler Sprache und nicht bloß in irgendwelchen Sondersprachformen, etwa von Dichtung oder Religion vorkommt. Ein solcher »sprechender« Name ist beispielsweise **Mazdā-yasna-* »Mazdā-Verehrer«, wie er nicht bloß auf Babylonisch überliefert ist — die aramäische Form *Mzdyzn* geht allerdings mit Sicherheit[40] auf **Mazdā-yazna-* und folglich einen anderen Dialekt zurück —, sondern jetzt auch in elamischen Texten aufscheint, u.a. als Name eines Marafiers, also eines Persers (PF 1797, 3 ff. *Mas-da-ya-iš-na Ma-rap-pi-ya*)[41]. Die Eltern dieses **Mazdā-yasna-* dürften ihrem Sohn, wohl irgendwann unter Kyros, diesen Namen in der Tat aufgrund ihrer religiösen Überzeugung gegeben und sich dadurch indirekt selbst als (avest.) *mazda-iiasna-* »Mazdā-Verehrer« »bekannt« haben. Es handelt sich bei diesem Wort ja um einen Begriff der religiösen Terminologie, die für die *daēnā māzdaiiasniš* »Religion der Mazdāverehrer« geläufig war. Zu ihr hat sich, wie aus manchen seiner Inschriften zu ersehen ist, offensichtlich auch Dareios bekannt, der mit genau entsprechenden Worten (etwa DSk 4 f.) von sich sagt: 〈a-d-m AM-m a-y-d-i-y〉 /adam Auramazdām ayadai̯/ »ich verehrte Ahuramazdā«. Wenn Dareios darnach also ein *mazdaiiasna-* im Sinne des zarathustrischen Glaubensbekenntnisses (Y.12) war, so war er deshalb noch kein *zaraϑuštri-* »Zarathustra-Anhänger«[42]. Und obwohl durch die Nennung jenes Marafiers jetzt dieser Name für die Persis, wenn auch nur in elamischer Brechung, in einer Form bezeugt ist, die genau der des Avestischen entspricht (wo übrigens Yt. 13,121 ein ebensolcher Personen-

[40] Die babylonische Form *Ma-az-da-iz/s-na* läßt strenggenommen einen Entscheid zwischen *-yasna-* und *-yazna-* nicht zu: vgl. Wilhelm Eilers, Der alte Name des persischen Neujahrsfestes, Mainz/Wiesbaden 1953, 23 = 57 (m. Anm. 2).

[41] Auf den nicht-persischen Charakter dieses Namens eines Persers wurde hingewiesen von Rüdiger Schmitt, Fragen der Anthroponomastik des achaimenidischen Vielvölkerstaates, ZDMG 128, 1978, 116-124, v.a. 122. Die Änderung des Namensansatzes im Hinterglied (*-yasna-* statt, wie seinerzeit, *-yazna-*) geht auf Walther Hinz' brieflichen Hinweis zurück, daß elam. 〈iš〉 nur für iran. */s/, nicht auch für */z/ stehe.

[42] Vgl. u.a. Geo Widengren, Die Religionen Irans, Stuttgart 1965, 147 f.; Jean Kellens, Die Religion der Achämeniden, AoF 10, 1983, 107-123, v.a. 109.

name *Mazdaiiasna-* für den Vater eines Mitglieds der »Urgemeinde« bezeugt ist[43]), so beweist wohl leider auch diese charakteristisch avestische Namensform noch nicht endgültig die Verbreitung des Zarathustrismus in der Persis um die Mitte des 6. Jahrhunderts v. Chr. und den Zarathustrismus der dort herrschenden Achaimeniden, für den Jean Kellens jüngst so vehement plädiert hat[44].

Ein Name wie dieser **Mazdā-yasna-* zeigt mit seiner nicht-persischen Lautform ebenso wie eine Vielzahl anderer Namen, von denen hier jetzt bloß die mit dem theophoren Element **Miϑra-* (in gleichfalls nicht-persischer Dialektausprägung) und die mit **aspa-* »Pferd« (das wahrscheinlich medisch, aber jedenfalls bestimmt nicht echt-persisch ist[45]) genannt seien, daß in dem persepolitanischen Namengut auch dialektfremde und traditionsverhaftete ältere Elemente vorkommen. Besonders deutlich sieht man diese Abhängigkeit von offensichtlich aus unterschiedlichen Strömen gespeisten Traditionslinien bei jenen Hybridbildungen, deren einzelne Bestandteile aus verschiedenen Dialekten stammen müssen: bekannt ist diese Erscheinung etwa von ⟨č-i-ç-t-x-m-⟩ /Čiçan-tax ma-/, dem Namen eines Sagartiers (DB II 79 u.ö.), der altpers. *čiça-* »Herkunft« und med./ostiran./avest. *taxma-* »tüchtig, tapfer« enthält, oder von **Čiça-farnah-* (widergespiegelt u.a. in griech. Τισσαφέρνης) mit altpers. *čiça-* und med. (?) **farnah-* »Glücksglanz«. Solche Namen, in denen offenkundig einzelne Bestandteile weitergeschleppt werden, die man irgendwelchen Traditionen zuliebe gewählt hat, führen nun zum Kern des altiranischen, indoiranischen, ja letztlich schon grundsprachlich-indogermanischen Personennamensystems, dessen Wesenszüge es deshalb genauer zu betrachten gilt.

Dieses altiranische System, das, unbeschadet aller formalen Unterschiede im Detail, den Grundzügen nach mit den entsprechenden Systemen des Altindoarischen, Griechischen, Altgermanischen, Keltischen, Slavischen usw. übereinstimmt, enthält als den gewöhnlichen Haupttypus von Personennamen die sog. »Vollnamen«, die negativ zu definieren sind als die weder durch Kürzung (aus längeren Formen) noch durch (suffixale) Erweiterung entstandenen Namenbildungen. Bei diesen Vollnamen

[43] Vgl. Mayrhofer, Die avestischen Namen (s. Anm. 12), 61 Nr. 221.

[44] Kellens, a.a.O., passim.

[45] Vgl. Rüdiger Schmitt, Zur Ermittlung von Dialekten in altiranischer Zeit, Sprachw 9, 1984, 183-207, v.a. 185-194.

lassen sich zwei Untergruppen unterscheiden, je nachdem ob ein oder zwei Wortstämme (Lexeme) zugrunde liegen, also »einstämmige Namen« (wie etwa altpers. *Kuruš* »Kyros«, unabhängig von dessen etymologischer Interpretation als »Junges, Kind, Jüngling o.ä.« oder, vielleicht eher, »Erniedriger, Schmäher«[46]) und komponierte »zweistämmige Namen« (wofür Beispiele oben schon wiederholt genannt wurden). Aus diesen zweistämmigen Namen sind durch Kürzung und gegebenenfalls Anfügung bestimmter (hypokoristischer) Suffixe die sog. »Kurz-« bzw. »Kosenamen« (Hypokoristika) entstanden, auf die später noch zurückzukommen ist. In allen altindogermanischen Sprachen und somit auch im Altiranischen gibt es nun eine mehr oder weniger große Zahl von Personennamen, die zwar formal dieser morphologischen Beschreibung der zweistämmigen Namen als Komposita aus zwei eigenständigen Wortstämmen genügen, sich gleichwohl aber einer »sinnvollen« Übersetzung und Deutung, d.h.: einer logisch begründeten Beziehung zwischen den beiden lexikalischen Namensbestandteilen widersetzen. Diese Tatsache, daß eine solche Beziehung oft nicht vorhanden ist und deshalb nicht obligatorisch gewesen sein kann, macht deutlich, daß derartige »zweistämmige Namen« nicht ausschließlich aus in der Normalsprache lebendigen Appellativen gebildet worden sind — wahrscheinlich hat eine solche Namenbildungsweise überhaupt keine besonders dominante Rolle gespielt —, sondern daß hier eigene Regeln einer »onomastischen Morphologie« gegolten haben. Für diese ist insbesondere charakteristisch, daß einzelne Wortstämme, die im Personennamenschatz geläufig waren, einfach »mechanisch« zu einer neuen (Pseudo-)Einheit zusammengefügt werden konnten.

Als Beispiele für eine mechanische Namenbildung dieser Art nenne ich folgende: 1. Einen solchen Namengebungsvorgang führt der von Aristophanes (*Nephélai* 60-67) geschilderte Streit des Strepsiádēs mit seiner Frau über den Namen ihres Sohnes vor Augen, da uns dort mögliche Namengebungsmotive explizit vorgestellt werden. Die der attischen Aristokratie entstammende Mutter plädiert dort für einen Namen mit dem Element ἵππος »Pferd«, einen Wunschnamen also, da es dem Kleinen

[46] Einzelnachweise bei Manfred Mayrhofer, Iranisches Personennamenbuch. I/2: Die altpersischen Namen, Wien 1979, 23 f. Nr. 39; beiden Vorschlägen gegenüber skeptisch ist Hanns-Peter Schmidt, An Indo-Iranian etymological kaleidoscope, in: Festschrift for Henry Hoenigswald, Tübingen 1987, 355-362, v.a. 357 f.

später einmal besser gehen sollte (wie es in Vers 69f. auch ausdrücklich heißt), der Vater dagegen, ein schlichter Bauer, will das Kind nach dem Großvater Φειδωνίδης nennen. Geeinigt haben sie sich dann auf die Kompromißform Φειδιππίδης, die beider Wünschen zum Teil Genüge tat und den damaligen Athenern ebenso wie uns Modernen als recht sinnlos (»Sparrößling«) erschienen sein muß, obwohl sie das in einer früheren Zeit, wie es scheint, nicht gewesen ist[47]. — 2. Namen, in denen Antonyme aneinandergefügt sind (wie etwa in althochdeutsch *Hadu-frid* »Kampf-Frieden« oder die sonst nicht zueinander passende Lexeme in sich vereinen. — 3. Die besonders große Gruppe jener Namen, die durch »Inversion«, d.h. durch Umstellung der Kompositionsglieder charakterisiert sind wie z.B. altiran. **Dāta-miϑra-* (aram. *Dtmtr*) aus **Miϑra-dāta-* »von Miϑra gegeben«[48] oder griech. Δωρό-ϑεος aus Θεό-δωρος »Geschenk der Götter« — inschriftlich ist ein Δωρό-ϑεος, Sohn eines Θεόδωρος bezeugt[49]! — bzw. althochdeutsch *Wolf-gang* neben *Gang-olf* usw.

Diese »mechanische« Namenbildung, die hierdurch illustriert werden sollte, macht uns deutlich, daß die Personennamen im Laufe der Zeit offenbar zu Zeichen geworden sind, die nicht mehr primär durch die lexikalische Bedeutung ihrer einzelnen Konstituenten motiviert, insofern also »bedeutungslos« sind. Ein sehr eindringlicher Beweis dafür, daß den Personennamen keine lexikalische »Bedeutung« mehr innewohnte, liegt übrigens auch in der Existenz der Kurz- und Kosenamen, die ja so gebildet werden, daß der zugrundeliegende Vollname willkürlich irgendwo abgebrochen wird, die aber gleichwohl für ein und dieselbe Person mit den primär vorhandenen Vollnamen je nach der Gebrauchssphäre (vornehmlich und ursprünglich wohl in familiärer Verwendung) wechseln können. Angesichts dieser rein mechanischen Bildungsweise der Namen darf man deshalb vielleicht noch einen Schritt weitergehen und behaupten,

[47] Dies hat Oswald Panagl, *Pheidippides*. Etymologische Überlegungen zu einem aristophanischen Personennamen, in: Festschrift für Robert Muth, Innsbruck 1983, 297-306, nachgewiesen.

[48] Die bedeutende Rolle, die dieses Phänomen im Onomastikon der Persepolis-Täfelchen spielt, führte Giuliano Boccali, L'antico persiano, in: Nuovi materiali per la ricerca indoeuropeistica. A cura di Enrico Campanile, Pisa 1981, 11-23, v.a. 19, auf semitischen Einfluß zurück. Diese Hypothese sieht völlig über die Eigengesetzlichkeit hinweg, der die Anthroponomastik im Vergleich zur gewöhnlichen Sprache gerade im Morphologischen unterliegt.

[49] Solche prosopographischen Details erfahren wir aus den Persepolis-Täfelchen bekanntlich fast niemals.

daß selbst solche Namen, die »sinnvoll« erscheinen und sich mehr oder weniger gut »übersetzen« lassen, mitunter von ihren Schöpfern gar nicht als solche bedeutungstragende Formen gedacht waren. Es erscheint überhaupt angeraten, solche komponierte zweigliedrige Personennamen nicht wie Appellativa zu übersetzen, da sich ein gut Teil der Namen bekanntermaßen sowieso einer sinnvollen Interpretation entzieht und sich andererseits dort, wo dies noch der Fall sein mag, oft Bedeutungsinhalte ergeben, die nicht für das zu benennende Neugeborene, sondern höchstens für einen Erwachsenen gelten können, Namen also, die nur als »Wunschnamen« verstanden werden können. Ein Neugeborenes kann z.B. nicht sinnvollerweise als ***Mazdā-yasna-* »Mazdāverehrer« benannt werden, sondern höchstens onomastisch mit dem Wunsch bedacht werden »Werde ein Mazdāverehrer!«. Zwischen dem sprachlichen Ausdruck und dem sprachlichen Inhalt mit seiner besonderen zusätzlichen Komponente klafft hier also eine solche Diskrepanz, daß man dies als etwas morphologisch Singuläres und Unerhörtes betrachten muß.

Es gilt nun aber weiter zu fragen, wie es zu einer solchen Personennamengebung kommen kann, welche Motivationen also — über jenes primäre, jeder Benennung innewohnende Motiv der eindeutigen Kennzeichnung eines und nur dieses Individuums hinaus — die Namengebung und die Namenwahl bestimmen. Zunächst ist allerdings noch zu bemerken, daß im Personennamenschatz, wie uns Beispiele in den verschiedensten Bereichen immer wieder zeigen, nicht nur Lexeme erscheinen, die in der gleichzeitigen Sprache noch lebendig sind, sondern auch archaischere, bereits obsolet gewordene Wörter, daß es also zwischen dem »appellativischen Wortschatz« und dem »onomastischen Wortschatz« einer Sprache zu unterscheiden gilt. Unter den Prinzipien, die nun im konkreten Fall die Selektion einzelner Namenelemente aus diesem »onomastischen Wortvorrat« regeln, steht obenan zweifelsohne das Motiv der Betonung (und onomastischen Realisierung) familiärer Bindungen, d.h. einer Namenwahl nach den Namen von Eltern, Großeltern, Geschwistern usw. Dabei sind verschiedene Fälle und Formen auseinanderzuhalten, die hier nicht sämtlich detailliert betrachtet werden können. Eine geläufige Sitte war etwa die, den Enkel nach dem Großvater zu benennen, wie wir es in der älteren Linie der Achaimenidenfamilie mit der zweimaligen Abfolge von *Kuruš* und *Kambūǰiya* finden, eine andere bestand darin, daß über mehrere Generationen hinweg die Namen durch Alliteration und/oder Reim (infolge Identität eines Bestandteiles) gebunden sind, wofür die Namen des althochdeutschen Hildebrandsliedes ein vielzitiertes Beispiel darstellen: *Heri-brant* — *Hilti-brant* (*Heribrantes suno* »Heribrands Sohn«) — *Hadu-brant* (*Hiltibrantes suno*). Den gleichen Hintergrund hat auch der Brauch, bei den Namen von Brüdern (also auf der Ebene ein und derselben Generation) in ganz entsprechender Weise ein Namenselement unverändert zu lassen, wie es in der avestischen Liste der zarathustrischen »Urgemeinde« die reimenden Namen der drei Brüder *Dāraiiat̰.raϑa-*, *Frāraiiat̰.raϑa-* und *Skāraiiat̰.raϑa-* (Yt. 13,108) deutlich zeigen[50]. Vor diesem Hintergrund, der zur Variation schon vorhandener Namen anregt, dürfte das Aufkommen von Neubildungen und insbesondere von mechanisch zusammengefügten Formen eine plausible Erklärung finden.

Für Personennamen, genauer: als anthroponomastisches Baumaterial, kommen des weiteren vorrangig solche Lexeme in Frage, denen zum Ausdruck von Heilswünschen oder überhaupt von magischen Identifikationen dienende »positive« Bedeutungen innewohnen, und nicht zuletzt auch Namen, für die es Vorbilder in der Familie bzw. in Gestalt berühmter Namensträger aus Geschichte, Mythologie oder Literatur gibt, Namen jedenfalls, die nur aufgrund einer wie immer gearteten Tradition gewählt worden sind, womöglich schon lange nicht mehr »verstanden« wurden und jedes sachlichen Bezugs auf ihren neuen Träger entbehren. — Daß bei den Iranern des Altertums entsprechende Namengebungsbräuche existierten, ist z.B. aus einer Notiz des Chares von Mitylene (FGrHist 125 F 5) zu ersehen, der der Erzählung der märchenhaften Liebesgeschichte von Ὀδάτις und Ζαριάδρης den Satz folgen läßt, daß viele der lokalen Dynasten deshalb ihren Töchtern den Namen Ὀδάτις beilegten (καὶ ταῖς ἑαυτῶν θυγατράσιν οἱ πολλοὶ τῶν δυναστῶν ὄνομα τίθενται Ὀδάτιν).

Religionshistorische Schlußfolgerungen sind also, wie oben schon einmal postuliert, nur bei jenen Namen zulässig, für die jeglicher Einfluß einer traditionsabhängigen »Nachbenennung« ausgeschlossen werden kann und also nachweislich onomastische Primärverwendung, d.h.: Namensneuschöpfung vorliegt. In jedem anderen Fall aber kann nicht mit Sicherheit ausgeschlossen werden, daß ganz andere Motive hinter der Wahl des Namens standen. Die Gefahr von Fehlschlüssen, die da gegeben ist, soll durch ein paar Beispiele — und ich wähle bewußt solche aus der

[50] Vgl. Manfred Mayrhofer, Zum Namengut des Avesta, Wien 1977, 25f. §§ 4.4.3, 4.4.3.2.

[51] Vgl. die Sammlung der Inscriptiones Christianae Urbis Romae (= ICVR).

Antike und keine modernen Parallelen — verdeutlicht werden: Daß auf alten Grabinschriften römischer Christen[51] etwa ein Presbyter *Afrodisi(us)* (ICVR 14021) und anno 359 n. Chr. ein *Hermogenes* (ICVR 13304) genannt werden, wird wohl niemanden auf den Gedanken bringen, die beiden Personen — von denen wir zufällig wissen, daß sie Christen waren — zu Heiden zu stempeln oder gar zu Anhängern eines besonderen Aphrodite-bzw. Hermeskultes. Und genausowenig wird jemand aus Inschriften von Mithras-Anhängern[52] mit Namen wie *Aurelius Heraclides* (CIMRM 1477, aus Pannonien) oder M. Οὐλπ(ίος) Ἀρτεμίδωρος (CIMRM 2296, aus Histria/Moesia Inferior) einen entsprechenden Schluß ziehen. Warum sollte dies im achaimenidischen Iran[53] dann anders sein? Ein **Miϑra-dāta-*, **Ātr̥-farnah-* oder **Baga-dušta-* aus der Zeit Dareios' I. hat genausowenig Beweiskraft, — denn die Personennamen sind eben keine sprachlichen Zeichen gewöhnlicher Art, auch wenn dies viele Namenforscher, denen nur an Namendeutung gelegen ist, verkennen.

[52] Ich zitiere nach dem Corpus Inscriptionum et Monumentorum Religionis Mithriacae (= CIMRM).

[53] Auf Parallelen aus dem mitteliranischen Bereich hat Paul Bernard, Le Marsyas d'Apamée, l'Oxus et la colonisation séleucide en Bactriane, StIr 16, 1987, 103-115, v.a. 114, aufmerksam gemacht: auf den ostkirchlichen Heiligen *Hormisdas* (6./7. Jh. n. Chr.), den Sohn christlicher Eltern aus Ahvāz, und den in Italien geborenen *Hormisdas*, der sogar zum Papst (514-523) aufstieg, als Träger von Ahura Mazdās Namen und auf den Bischof Μίϑρης von Hypaipa (während des nizänischen Konzils) als Träger des Miϑra-Namens.

BEOBACHTUNGEN ZU DEN RELIGIÖSEN VERHÄLTNISSEN IN DER PERSIS IN FRÜHHELLENISTISCHER ZEIT

VON

Josef WIESEHÖFER

Mit dem Brand von Persepolis und der Ermordung Dareios' III. war, zumindest in Westiran, die genuin achaimenidische Herrschaft beendet worden. Dennoch hatten diese Ereignisse nicht die Konsequenz, wie man meinen könnte, daß nun etwas völlig Neues an ihre Stelle trat: Man hat gerade in letzter Zeit betont[1], daß Alexander sich in der Persis, wie schon früher im Westen des Reiches, »achaimenidisch« benahm (in seiner Argumentation, seiner Verehrung des Kyros, seiner Ehrung des toten Gegenspielers, der Heiratspolitik u.a. mehr), um als Rivale und später legitimer Nachfolger Dareios' III. auch hier im Kernland des Achaimenidenreiches anerkannt zu werden. Die Zerstörung von Persepolis, vermutlich aus Enttäuschung über das vergebliche Werben um Unterstützung bei den Bewohnern der Persis zu Beginn seiner Herrschaft dort zu erklären, änderte an diesem Bemühen ebensowenig wie die Hinrichtung des Orxines[2] als eines möglichen Rivalen und Gegners. In der Person des persophilen Peukestas fand Alexander den Mann, der einerseits völlig loyal zu ihm stand, andererseits den Bewohnern der Persis, oder besser, dem Stammesadel dort, das Gefühl vermittelte, es bleibe alles beim alten. Zumindest bei großen Teilen des Adels verfing dieses Bemühen nicht zuletzt deshalb, weil Alexander und Peukestas anscheinend weder das achaimenidische System der lokalen Abhängigkeiten, noch das der lokalen Verwaltung und der Königsideologie antasteten. Anders ist der Umstand, daß von Unruhen in der Persis nichts bekannt ist, daß Peukestas ohne Schwierigkeiten dort große Truppenverbände ausheben konnte und daß zahlreiche Stammesadelige mit Alexander zusammenarbeiteten, nicht zu erklären[3]. An dieser Art stammesadeliger Unterstüt-

[1] Briant 1982, *passim*; Wiesehöfer 1987, *passim*.
[2] Wiesehöfer 1987, 47-48; vgl. auch Will 1986, 162-163.
[3] Wiesehöfer 1987, 52-65.

zung für die neuen Herren, so sie sich denn als perserfreundlich zeigten[4], änderte sich bis ins 2. Jh. hinein kaum etwas (s.u.). Dies heißt andererseits aber nicht, daß es nicht auch Opposition gegen die makedonische Herrschaft gegeben hat; allerdings entlud sich diese lange Zeit weniger in Aufständen o.ä., als vielmehr in der Propagierung und Tradierung eines bestimmten Geschichtsbildes (s.u.).

Auch auf dem Gebiet der Religionspolitik läßt sich Alexanders und Peukestas' Bemühen um Anerkennung in der Persis feststellen:

a) Kurz vor der Niederlage des Eumenes gegen Antigonos veranstaltete Peukestas in Persepolis — durchaus zugunsten von Eumenes, in mindestens gleichem Maße aber auch zur eigenen Selbstdarstellung — ein Fest, bei dem er die Teilnehmer am Opferbankett in vier konzentrischen Kreisen um die Opferstätte herum gruppierte: im äußeren die Söldner und die Masse der Bundesgenossen, im zweiten die silberschildtragenden Makedonen und die Hetairoi Alexanders, im dritten die Kommandeure zweiten Ranges, die »Freunde« und Befehlshaber außerhalb der Heeresordnung und die Berittenen, im inneren Kreis dann die Strategen, Hipparchen und vornehmsten Perser[5]. CALMEYER hat zu Recht betont, daß Opferzeremonie und Sitzordnung achaimenidischem Brauch entsprechen: beim Opfer dürfte es sich um ein iranisches Königsopfer zu Ehren des verstorbenen Königs handeln; die Hierarchie in der Sitzordnung (= Entfernung zum (toten) Herrscher) erinnert an das »Protokoll« der späteren Völkerschaftsreliefs und die »Ideologie der Minderwertigkeit des Weitentfernten«[6].

b) Vermutlich in die Regierungszeit des Peukestas gehören auch Bauarbeiten in Persepolis[7] und vor allem die dort (im »Frataraka-tempel«-Bereich) gefundenen 5 griechischen Inschriften auf Weiheplatten mit den Namen des Zeus Megistos, der Athena Basileia, Apollon, Artemis und Helios[8]. Die Tatsache, daß die Schriftformen denen der »haute époque hellénistique« entsprechen[9] und der Umstand, daß bei dem obengenannten Fest des Peukestas im Innern der konzentrischen

[4] Eine Ausnahme bildete zweifellos Antigonos, der Peukestas ablösen ließ und den daraufhin lautwerdenden Protest im Keime erstickte (Diod. 19,48,5).

[5] Diod. 19,21,3-24,4, bes. 19,22,2-3.

[6] Calmeyer 1982, 185.

[7] Wiesehöfer 1987, 97.

[8] Wiesehöfer 1987, 88-89. Vgl. Ghirshman 1976, 201-202.

[9] Robert 1967, 282.

Kreise Altäre für die Götter, Alexander und Philipp standen[10], legen eine solche Datierung nahe. Viel spricht dann auch dafür, daß man an eine synkretistische Verwendung der Götternamen zu denken hat: »Zeus megistos instead Hormizd, Apollo and Helios for Mithra, Artemis and Queen Athena for *Anāhit bānōk-nām* "whose name is lady"«[11].

In seleukidischer Zeit blieb die Persis, so hat es den Anschein, weit über 100 Jahre relativ ruhig, wenn man von Unruhen absieht, auf die Polyain. 7,39 Bezug zu nehmen scheint und die in die Zeit Seleukos' I. gehören dürften[12]. Eine solche Behauptung würde natürlich dann kaum aufrechtzuerhalten sein, wenn man die (Frataraka-)Münzprägung der Persis, wie manche dies tun, bereits Ende des 4. Jh., Anfang oder Mitte des 3. Jh. ansetzen würde[13]; dies ist m.E. jedoch unmöglich. Die Münzen der Frataraka gehören zweifelsohne ins 2. Jh. v. Chr., was nicht nur aus typologischen Gründen, sondern auch im Lichte der archäologischen und vor allem der literarischen überlieferung allein Sinn ergibt[14]. Ich habe sogar zu zeigen versucht, daß sich die Dynasten Vahbarz bzw. Vādfradād I. vermutlich von der Basis zugestandener Teilautonomie (mit Prägerecht) aus unabhängig machten, zu einer Zeit, in der die Seleukiden stark im Westen angebunden waren und auch andere Gebiete im Osten (Parthien, Baktrien, Elymais) ähnliche Bestrebungen zeigten oder bereits seit geraumer Zeit gezeigt hatten. Um 140 v. Chr. ging die kurze Unabhängigkeitsperiode der Persis in die lange Zeit unter parthischer Oberhoheit über.

Nun zum religionsgeschichtlichen Befund dieser Zeit: Ca. 150 Jahre unangefochtene Seleukidenherrschaft in der Persis, und das, obwohl Fārs nicht unbedingt im Zentrum seleukidischen Interesses lag, ist eigentlich nur zu erklären durch eine politisch weitsichtige Politik der Makedonen, weitsichtig auch auf dem Gebiet der Religionspolitik. Darauf könnte z.B. hindeuten, daß seleukidischer Herrscherkult in iranischen Tempeln nicht nachzuweisen ist[15]. Waren dann nicht aber wenigstens die Unabhängig-

[10] Diod. 19,22,3.

[11] Herzfeld 1935, 44.

[12] Wiesehöfer 1987, 169-170. Vgl. aber auch schon von Gutschmid 1888, 27-28; Bickerman, 1966, 96 n. 44 sowie Bar-Kochva 1976, 33.

[13] Herzfeld 1935, 46; Newell 1938, 154-161; Stronach 1978, 146-155; Hill 1922, CLXI; Sellwood 1983, 302 u.a.

[14] Wiesehöfer 1987, 156-176.

[15] Sherwin-White 1984, 160-161.

keitsbestrebungen der Fratarakā religiös-politisch motiviert? Waren sie nicht Exponenten des religiös-politischen Widerstandes in der Persis, nicht vielleicht sogar selbst »Priesterfürsten« bzw. Magier von Abkunft, wie man vorgeschlagen hat[16]? M. E. spricht viel gegen diese Annahme[17]:

a) Die Fratarakā Baydād und Ardaxšīr waren vermutlich Fürsten der Persis in seleukidischem Auftrag; erst Vahbarz oder Vādfradād I. machten sich unabhängig. Von Anfang an (ab der 2. Münzserie Baydāds[19]) lassen sie sich in Verehrungshaltung vor einem Altar (?) abbilden, nicht etwa erst seit ihrer Unabhängigkeit. Allerdings erscheint bei Vādfradād I. zum ersten Male der aus achaimenidischer Zeit bekannte »Flügelmann«, in dem man das Xᵛarənah eines berühmten königlichen Vorläufers verkörpert sehen darf[19]. Es trägt übrigens die achaimenidische Zinnenkrone (der Herrscher selbst eine Tiara), so daß diese Darstellung an die Trias König-Feueraltar-Flügelmann auf der Grabfassade Dareios' I. erinnert und den Anspruch der neuen Herrscher in der Persis auf legitime Nachfolge der Achaimenidenkönige versinnbildlichen dürfte.

b) Die allgemeinpolitischen Symbole auf den Münzen überwiegen jedoch: Die Fratarakā tragen die »königliche« Tiara (Baydāds 1. Serie) bzw. die Tiara *apagēs* (»Satrapentiara«), nicht etwa die Tiara *orthē* der Großkönige oder die mit der Satrapentiara verwandte Tiara der Magier (sie sind auch aus anderen Gründen nicht als Magier aufzufassen). Sie lassen sich auf achaimenidische Art mit Herrschersymbolen (Thron, Szepter, Stab, Standarte, später Bogen) abbilden, doch sind diese nur z.T. genuin achaimenidisch: der Bogen ist anders (doppelkonvex statt einfach gekrümmt), das Szepter ist seleukidisch. Dies sowie die Art ihres Diadems und ihr Titel (*prtrk' zy 'lhy'*, wohl nicht *prtdr'* o.ä.[20]) weisen darauf hin, daß die Fratarakā sich zwar in die Nachfolge der Achaimeniden stellten, deren *groß*königliche Ansprüche jedoch nicht übernahmen[21]. Dies würde auch erklären, warum ihre Herrschaft unter den Parthern nicht zuende ging. Zweifelsohne — auch wenn sie selbst keine Magier waren — anerkannten die Fratarakā die enge Verbindung zwischen Herrschaft in

[16] Vgl. Eddy 1961 und vor allem von Gall 1972, 261-283, bes. 276-280.

[17] Vgl. ausführlich Wiesehöfer 1987, 180-187.

[18] Zu den Münzen der Fratarakā s. nun Alram 1986.

[19] Calmeyer 1979, 347-365.

[20] Wiesehöfer 1987, 137-142.

[21] Es spricht viel dafür (u.a. die Art des Diadems), daß es sich bei den Fratarakā um »Verwandte« (*Syngeneis*) der Achaimenidenherrscher handelte oder daß sie sich zumindest als solche vorzustellen gedachten (Wiesehöfer 1987, 185-186).

der Persis und göttlicher Erwähltheit bzw. Bestätigung. Dies bedeutet aber nicht, daß ihre Motive hauptsächlich religiöser Art waren.

Welche anderen Zeugnisse — außer den Münzen — gehören in ihre Zeit: Zum einen vermutlich der bogenschießende Heros aus Qīr[22], zum anderen die sog. »Frataraka-Reliefs« aus Persepolis[23]. In dieser Zeit dürfte auch in Persepolis wieder gebaut worden sein: Die Neugestaltung von Palast H mit der Verlegung der Treppenfassade Artaxerxes' III., der Bau der Mauer gegen Westen sowie die Neuaufrichtung der getreppten Brüstungselemente und Teile des »Fratarakātempel«-Komplexes gehören wohl ins 2. Jh. v. Chr.[24] Der sog. »Feuertempel« in diesem Bereich ist m.E. nicht zweifelsfrei zu datieren.

Soweit zu den Münzen, zum wichtigsten archäologischen Befund und zu den klassischen literarischen Zeugnissen. M. E. sind damit jedoch die Hinweise auf das religiöse Leben in der Persis in frühhellenistischer Zeit noch nicht erschöpft:

1.) Die Art der Totenbestattung zeigt, daß die frühe postachaimenidische Persis keinesfalls vollständig »zoroastrisiert« war. Die Erdbestattungen des »Persepolis Spring Cemetery«[25], die Steinkegelgräber[26] und die Tatsache, daß die meisten Astodane und Ossuarien erst der sāsānidischen Zeit zuzuweisen sind[27], deuten auf ein religiös »inhomogenes« Fārs wie in achaimenidischer Zeit.

2.) Das vor allem in der mittelpersischen, vornehmlich religiös-didaktisch ausgerichteten »zoroastrischen« Literatur anzutreffende negative Alexanderbild als Religionsverfolgers (in sāsānidischer Zeit um das Bild Alexanders als Feindes Irans erweitert) muß seine Wurzeln in vorsāsānidischer Zeit haben und geht vermutlich auf bestimmte Maßnahmen Alexanders selbst zurück: Magierfolterung in Pasargadai, Tod zahlreicher Priester (als »lebender Bücher«) bei der Niederwerfung von Aufständen in Ostiran und anderswo etc.[29]. Für ein Aufkommen dieser Beschuldigungen in arsakidischer oder sāsānidischer Zeit spricht nur wenig. Damit dürfte deutlich geworden sein, daß die (zoroastrische) Priesterschaft wohl

[22] Vgl. zuletzt Vanden Berghe 1986 und Huff 1984 [1986].
[23] Wiesehöfer 1987, 91-94.
[24] Wiesehöfer 1987, 98.
[25] Schmidt 1957, 117-123.
[26] Boucharlat-Salles 1981, 65-66.
[27] Trümpelmann 1984, 317-329 sowie Wiesehöfer 1987, 100-111.
[28] Noch unveröffentlichter Beitrag des Verf. (»Alexander *gizistag*«).

auch in der Persis zu den Hauptgegnern der makedonischen Fremdherrschaft gehört hat, obgleich man in dieser frühen Zeit ihren Einfluß in der Persis nicht überschätzen darf, wie die Geschichte der Frataraka und die lange Zeit unangefochtener seleukidischer Herrschaft in der Persis beweisen.

LITERATUR

ALRAM, M., 1986: *Nomina Propria Iranica in Nummis* (IPNB IV), 2 Teile, Wien.

BAR-KOCHVA, B., 1976: *The Seleucid Army*. Organization and Tactics in the Great Campaigns (Cambridge Classical Studies), Cambridge, London, New York, Melbourne.

BICKERMAN, E., 1966: »The Seleucids and the Achaemenids«, *La Persia e il mondo greco-romano*. Atti del convegno (Roma, 11-14 aprile, 1965) (Accademia Nazionale dei Lincei, anno CCCLXIII-1966, Quad. N. 76), Roma, 87-117.

BOUCHARLAT, R., SALLES, J.-F., »The History and Archaeology of the Gulf from the Fifth Century B.C. to the Seventh Century A.D.: A Review of the Evidence«, *Proceedings of the 14th Seminar for Arabian Studies* (Oxford, 22nd-24th July, 1980) = Proceedings of the Seminar for Arabian Studies, 11 (1981), London, 65-94.

BRIANT, P., 1982: *Rois, tributs et paysans*, Paris.

CALMEYER, P., 1979: »Fortuna-Tyche-Khvarnah«, *JDAI*, 94, 347-365.

CALMEYER, P., 1982: »Zur Genese altiranischer Motive, VII: Die "statistische Landcharte des Perserreiches" — I«, *AMI*, N.F. 15, 105-187.

EDDY, S.K., 1961: *The King is Dead.* Studies in Near Eastern Resistance to Hellenism (334-31 B.C.), Lincoln.

VON GALL, H., 1972: »Persische und medische Stämme«, *AMI*, N.F. 5, 261-283.

GHIRSHMAN, R., 1976: *Terrasses sacrées de Bard-è Nechandeh et Masjid-i Soleiman*, t. 1 (MDAI XLV), Paris.

VON GUTSCHMID, A., 1888: *Geschichte Irans und seiner Nachbarländer von Alexander dem Grossen bis zum Untergang der Arsaciden*, Tübingen.

HERZFELD, E., 1935: *Archaeological History of Iran* (The Schweich Lectures of the British Academy 1934), London.

HILL, G.F., 1922: *Catalogue of the Greek Coins of Arabia, Mesopotamia and Persia* (BMC, 28), London.

HUFF, D., 1984 [1986]: »Das Felsrelief von Qir (Fars)«, *AMI*, N.F. 17, 221-247.

NEWELL, E.T., 1938: *The Coinage of the Eastern Seleucid Mints from Seleucus I to Antiochus III* (Numismatic Studies, 1), New York.

ROBERT, L., 1967: »Encore une inscription grecque de l'Iran«, *CRAI*, 281-296.

SCHMIDT, E.F., 1957: *Persepolis II* (OIP LXIX), Chicago.

SELLWOOD, D., 1983: »Minor States in Southern Iran«, *CHI* 3,1, 299-321.

SHERWIN-WHITE, S., 1984: »Shami, the Seleucids and Dynastic Cults: A Note«, *Iran*, 22, 160-161.

STRONACH, D., 1978: *Pasargadae.* A Report of the Excavations Conducted by the British Institute of Persian Studies from 1961 to 1963, Oxford.

TRÜMPELMANN, L., 1984: »Sasanian Graves and Burial Customs«, *Arabie orientale, Mésopotamie et Iran méridional de l'Âge du Fer au début de la période islamique*, ed. Recherche sur les Civilisations, Paris, 317-329.

VANDEN BERGHE, L., 1986: »Le relief rupestre de Gardanah Galūmushk (Qīr)«, *IrAnt*, 21, 141-155.

WILL, W., 1986: *Alexander der Große* (Geschichte Makedoniens, 2), Stuttgart.

WIESEHÖFER, J., 1987: *Die »dunklen Jahrhunderte« der Persis*. Untersuchungen zu Geschichte und Kultur von Fārs in frühhellenistischer Zeit (330-140 v. Chr.) (Noch unveröff. Habilitationsschrift (MS)), Heidelberg, 1987.